U0890335

CONTENT
内容的力量
MACHINE

[澳] 丹·诺里斯　著
李立心　译

SPM
南方出版传媒
广东经济出版社
- 广州 -

图书在版编目（CIP）数据

内容的力量／（澳）丹·诺里斯著；李立心译．—广州：广东经济出版社，2017.11
ISBN 978-7-5454-5672-1

Ⅰ．①内…　Ⅱ．①丹…　②李…　Ⅲ．①网络营销　Ⅳ．①F713.365.2

中国版本图书馆 CIP 数据核字（2017）第 178525 号

版权登记号：19-2017-113

出 版 人：姚丹林
责任编辑：张晶晶
责任技编：许伟斌
封面设计：门乃婷工作室

Content Machine: Use Content Marketing to Build a 7-Figure Business With Zero Advertising
Copyright © 2015 Dan Norris
All rights reserved
Published by special arrangement with 2 Seas Literary Agency and co-agent CA-LINK International LLC

《内容的力量》NEIRONG DE LILIANG
CONTENT MACHINE
（澳）丹·诺里斯　著（Dan Norris）
李立心　译

出版发行	广东经济出版社（广州市环市东路水荫路 11 号 11-12 楼）
经销	全国新华书店
印刷	佛山市浩文彩色印刷有限公司（广东省佛山市南海区狮山科技工业园 A 区）
开本	889 毫米×1194 毫米　1/32
印张	7.5
字数	150 000 字
版次	2017 年 11 月第 1 版
印次	2017 年 11 月第 1 次
印数	1—8000
书号	ISBN 978-7-5454-5672-1
定价	39.80 元

如发现印装质量问题，影响阅读，请与承印厂联系调换。
发行部地址：广州市环市东路水荫路 11 号 11 楼
电话：（020）38306055　37601950　邮政编码：510075
邮购地址：广州市环市东路水荫路 11 号 11 楼
电话：（020）37601950　营销网址：**http://www.gebook.com**
广东经济出版社新浪官方微博：**http://e.weibo.com/gebook**
广东经济出版社常年法律顾问：何剑桥律师
·版权所有　翻印必究·

加入其他创业家的行列，
建立专属于你的内容营销机制吧！

本书涵盖层面广泛，书中许多主题适合与兴趣相投的创业家共同讨论，收获会更加丰硕。

如果你真心想执行从本书学到的课题，我在此欢迎你加入我的私人群组。在这个群组里，和包括我在内的创业家，以及处理各种“鸟事”的内容营销人员互通有无。

我们每天都会剖析各种创业议题，侧重网络营销与内容营销。我也会提供创业与营销教学影片。

快上 http://contentmachine.com/community，我等你！

【推荐序】Foreword

突破盲点，让流量不再来了又走

尼尔·帕提尔（Neil Patel）
KISSmetrics[①] 的联合创始人，
Quick Sprout[②] 的开发者。

我对内容营销的投入程度，绝不仅仅是将它视为公司核心策略而已。

身为内容创造者，我是个天生且热血的教育家。8 年多来，我总是积极地为公司创作优质的内容，即使起步慢，我已经利用内容营销打造了 4 家营收数百万美元的企业。

内容营销的强大程度毋庸置疑，却不容易执行。本书所传达的信息，以及它所提供的明确指引、相关资源，都能帮助你善用这项利器。

① KISSmetrics 是美国顶尖内容营销策略公司，为企业提供强大的信息分析服务，主要服务对象是 AOL、Foursquare、Microsoft 和 Intuit 等公司的市场营销部门。

② Quick Sprout 是一款网站优化 SEO 检测工具，支持网站分析、网站社会化媒体分析和竞争对手分析功能，它为亚马逊、NBC、通用汽车、惠普、《华尔街日报》等公司做过互联网优化。

起初，我是因为没钱买广告，才开始做内容营销。既然写博客不用钱，我就发了一篇文章《妈，我上 Techcrunch 了！》（*Got Crunched*），讨论登上科技媒体 Techcrunch 的二三事，心想这篇文章应该可以从热门新闻网站 Digg.com 获取一些流量，为我的公司争取曝光度。

好消息是流量真的来了，坏消息是流量来了又走了。因此，我持续精进，成天就想着要写出读者关心的内容。

我第一篇成功的贴文罗列了 75 项设计师会使用的资源，那是张非常详尽的清单。成果比之前几篇文章都丰硕，我立刻意识到自己突破盲点了。

于是我逐渐确立计划：写详尽、可执行性高、长而务实的文章。

可以说我针对所有你想得到的网络营销议题，洋洋洒洒写了无数篇文章，每篇都超过 5 000 字，全在我的网站上：KISSmetrics（http://blog.kissmetrics.com）以及 Crazy Egg（http://blog.crazyegg.com）。我甚至在 Quick Sprout（http://quicksprout.com）上，写了几篇长达两三万字的实用指南。只要我想到更务实、实用、详尽、可执行的企划，我就会动笔。

就这样我打造了数个博客，每一个都吸引了数百万访客，再将访客的关注转换为数百万营收。

我的做法就是写出竞争者无可匹敌的内容，使我鹤立鸡群、引人注目，而我真的做到了。就像诺里斯在本书中提到的，创造好的内容还不够，你的内容质量要远远超越竞争者，才能脱颖而出。

写些平凡无奇的文章没有意义，不要只谈你的公司或产品，内容应该要具教育价值，并且能解决问题。

多和潜在客户对谈，了解他们的需求，把学校所学抛诸脑后。书写内容可不是单向演讲，而是双向对谈，走进对方的世界，让读者感受到你与他们同在。

无私地帮助你的客户，通过教育，提供像 Zappos① 一样的完美客服。

唯有这样你才能为人所知、真正帮助他人，也唯有如此，你才能创造读者在乎的内容。

如果创作内容只求提高关键词排名，或是达成一定发文量，它就成了无关紧要的工作。

本书将完整传授内容营销秘诀，祝福你有段美好的内容营销之旅!

---

① Zappos 是最大的卖鞋网站，以买一双送三双试穿、退货免运费等贴心服务著称，于 2009 年被亚马逊（Amazon）收购。

【自序】Introduction

从乏人问津到百万商机

“糟糕的业务有办法成为创业家吗？”

2002年至2006年间，我还是个公司雇员。当时，我对这个问题的答案是否定的。

我欣赏的创业家［像是理查德·布兰森（Richard Branson）或史蒂夫·乔布斯（Steve Jobs）］看起来就是销售好手，因此，我的结论就是我不适合创业。而且我的工作挺好的，每年加薪，整体而言还算不错。

但我却在2006年选择创业，收入大幅缩水。接下来的8年里，我反复问自己这个问题：“糟糕的业务有办法成为创业家吗？”我第一次创立网页公司失败，那7年间，我天天自问；二度创业、经营软件公司未果的那一年，也反复思索。

2013年6月27日，我最后一次问自己这个问题。

前一年，我砸下60 000澳元[①]（币别下同）创立软件公司，

① 1澳元=5.1837人民币元。

资金可以烧 12 个月。当时，再过两个礼拜钱就要烧完了，公司每个月亏损 1 500 元，而我已经开始找工作了。

那是我创业生涯的谷底，我开始相信，或许自己终究不是创业的料。当时我的孩子也到了会想问爸爸从事什么职业的年纪，我该如何回应?

时至今日（2015 年 6 月），过去几个月来，我已经在全球 5 个城市，以商业专家的身份巡回演讲，还出了本亚马逊（Amazon）认证的畅销书，同时经营 4 家公司，其中一家还是全世界成长最快的 WordPress 支持公司——WP Curve。我们的团队拥有超过 45 名程序开发人员，分布在 7 个国家，服务超过 4 000 名客户，每年至少赚进百万元。

把我历年来的收入绘成图表，看起来就像在坐云霄飞车：

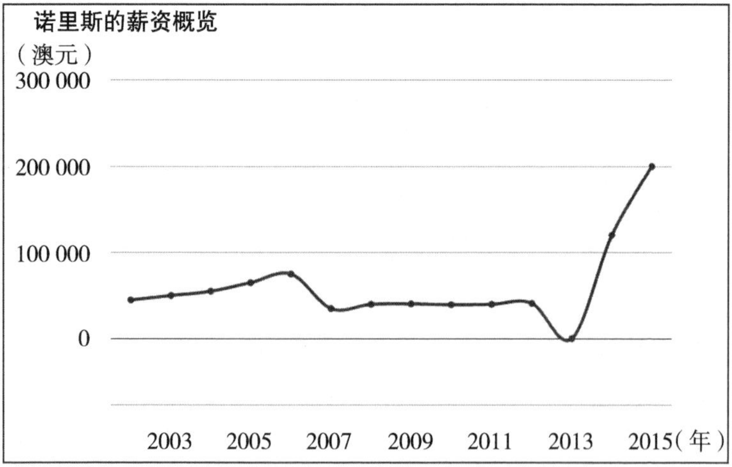

最后，我意识到自己原来有能力创业，而我依旧不懂销售。

◎ 你走运了

如果你比我早生一个时代，而我回到过去告诉你，有个方法可以让你不花一毛钱广告费就创造百万商机，同时帮助数以千计的人，你铁定会以为我疯了。

但现在这个方法触手可及。动动手指，就能采用最有力、有价值的营销方式，而且几乎是随时可用，近乎免费。

"是啦！现在要创造内容容易多了，但竞争也更激烈。"你如是说。

真的吗？不妨看看你的头号三四大竞争者，他们做出的内容质量如何，我敢说八成不怎么样。

如果真是如此，大好机会正等着你，而这本书会帮助你抓住它。

写序的此刻，我人在飞机上。这是我的第二本书，而距离我前一本著作《七天创业指南》（*The 7 Day Startup*）上市仅过了两周。我第一周在亚马逊免费赠送 13 000 份免费 Kindle 版电子书，而那本书花了我 6 个月的心血，期间和我的编辑与排版人员起码通了 200 多封信。

免费送书是个简单的决定，因为我每个计划都遵循这个做法：创造许多实用内容，免费赠送，再利用它吸引关注、创造商机。

从 WordPress 网站支持服务公司 WP Curve 创立第一天起，我就一直采用这种策略。创立两年来，我们公司总共只花了 181.23 元打广告，所有传统的业务，我们一概没做。

我们不砸钱买广告，而是专心做内容并免费提供给大众。相较于我过去这些年所写的内容，《七天创业指南》不过是小菜一碟，总共才 2.6 万字，仅是我写过总字数的 4%。从 2008 年至今，我大约写了 60 万字，全部加起来可以编成一本比《战争与和平》（*War and Peace*）还厚的书，而我没靠贩卖那些内容赚到一毛钱。

至今，我们依旧没有花钱为 WP Curve 打广告，而是雇用全职的内容主管与客座写手，并持续将内容营销视为我们唯一的营销策略。

本书将教你如何做到这一点，而我希望你不需要和我一样花整整两年的时间、50 万余字才走到这里。

◎ 质重于量

刚开始做内容营销的时候，我蒙着眼向前冲，依循着最基本的“每日一篇”法则，过于在意我发了几篇文，问题是，我写的内容有 90% 乏人问津。

在本书中，我将分享一个简单的三层式体系结构（three-piece framework），确保你不会重蹈我的覆辙。不过首先，先来看看我早期的数字：

> · 从 2008 年起，我总共创作了 700 篇内容。
>
> · 其中至少有 400 篇是在过去两年间写的。
>
> · 我每个礼拜都会寄一封信给电子邮件名单上的所有人。
>
> · 我整整发了 350 篇网站文章，才有一篇文章在 Twitter 上获得超过 10 次转推（看到这数字，你应该有所警觉）。
>
> · 我在两年前，或更早之前写的文章，几乎都少于 10 次转推，只有几次略高一些。
>
> · 直到 2014 年，我才真的开始相信我们可以用内容营销创业！
>
> 我花了太多时间尝试各种你想得到的内容类型：
>
> · 有几段密集创作的时间，2012 年 8 月，我甚至一度在一天内写了 13 篇文章。
>
> · 2012 年 12 月的某一周，我推出新的广播内容，制作 10 集广播节目，写了 6 篇博客文章，为另外 3 个网站写

客座文。

· 我花了好几个礼拜只为了写好一篇文章，却仅吸引到 100 人次点阅。

我通过网络举办“网讨会”（webinars，译注：通过网络举行的专题讨论或演讲）、写免费插件、设计信息图表、试过搞笑图片、录制广播、拍影片、写长文（5 000 字以上）、设计互动 / 图像式内容、编写详尽的营销步骤解析大全、打造电子邮件课程与其续集（有些长达 52 封邮件）、开发影音训练、写客座文章、撰写交互式客座文章、结合文 / 图 / 声音录制上百则来宾访谈、在会议上演讲、写新闻稿、发表电子书与纸本书、为求媒体曝光写文章、触及有影响力的使用者、响应论坛问题、来几场“随你问”（AMA，译注：AMA 是 ask me anything 的缩写，发起人在网络上开放大众问问题）。

还有其他许多做法，你随便讲一个，我都试过。

我热爱创作内容，但却发现一个问题。我用产量，而不是受欢迎程度来衡量内容的成效，我眼中只有量，却忽略了质。

就像帕提尔一样，我终于意识到，一篇超级成功的内容，远比 100 篇石沉大海的文章来得有价值得多。

只要能善用本书中提到的工具，相信你可以不用经历相同的挣扎，就可以享受到和我一样的乐趣。

这几年下来，我对内容营销越来越有热情，我曾帮助其他人用内容营销创业，也曾主动接触那些成功运用内容营销的朋友。

多数人看不到内容营销带来的丰硕果实。事实上，依据2015年内容营销机构（Content Marketing Institute, CMI）针对企业与营销人员做的调查指出，只有38%的人认为他们的内容营销是有效的。[1]这些受访者还多半是内容营销机构的会员，一般企业主的想法可想而知。

我赋予自己的使命，就是要确保你不会成为那些认为内容营销无效的人。

这本书能帮助你达成几件事：

首先，你将完全了解内容营销是什么，并学会整合所有内容营销策略。或许，你会发现自己并不适合这种营销方式，又或者将雀跃不已、兴奋大叫，但无论如何，下决定前，你必须先摸透内容营销。

其次，你将学会简单的三层式内容营销架构，这套策略将帮助你专注在对的事情上，而不只是“每天一篇”埋头苦写。

最重要的是，我将提供许多可下载的模板与资源，让你更好地上手，你可以立即就应用到自家公司，确保你的内容营销策略能有所成效。

◎ 现在就动手做内容营销吧

我很重视行动力，而我希望你们可以一边阅读此书，一边采取行动，不管是创博客、重新编修既有内容，或是推出广播节目。如果你喜欢书中某句话，还打算将某项想法付诸行动，希望你能分享到 Twitter 或 Instagram，并附上标签“# contentmachine”。你也可以标注我（@thedannorris），我很喜欢分享他人提及我的内容，也很想知道书中哪些部分发挥了影响力。此外，我还做了资源统整，书中每一章都有参考数据，请上 http://contentmachine.com/resources 免费看文中提到的架构、资源、锦言佳句与联结。[1] 我希望这是世界上最务实的一本内容营销书籍，想与你分享善用内容营销的创业案例，并提供工具，让你能达成与个案相同的成就。简言之，不管你目前创作网络内容的经验如何，我的目标就是希望你在看完这本书后，能够不花钱买广告，照样打造一家高成长公司。

让我们开始动手吧！

---

① 中文档案请扫描与后台联系。

[目录] Contents

III 如何创造高质量内容 41

内容并非生而平等。

我希望你把自己当成是设计师和创作者，而不是个机器人。量不重要，影响力才是关键。在本章中，我将教你如何创作令人在乎且深具影响力的内容。

IV 如何做到差异化 81

在本章中，你会看到其他成功的内容营销人员，如何从“每日一篇”的泥淖中脱身，找到正确方向，创作高质量内容，获得读者关注并建立信任。这当中至少有一个策略会引起你的共鸣，而那项策略可以让你在自身产业中发挥翻天覆地的功效。有些产业发展得相对较快，而这些产业中的简单技巧，移植到其他地方可能会带来惊人的成果。

V 扩大规模：建立内容营销机制 139

光是了解内容营销的基本概念就已经让你赢在起跑点，领先竞争者好几里路了。专注于创作高质量内容，让你成为值得追踪的专家，而找到差异点，则让你获得关注。

最后一步，就是要靠这些内容打造公司，接着发展并延续长期策略。我将之称为“建立机制”。

用内容营销让公司高速成长

Chapter 1 · How to Build a Business with Content Marketing

开始前，让我们先为内容营销下个超简单的定义：

内容营销是写出有趣的内容，让公司受到关注并获取信任。

就这样，简单明了，是吧?

对像红牛公司（Red Bull）这样的大企业而言，内容营销就是从专业工作室找数百个员工、砸几百万打造几支长片，并提供大众免费浏览。对其他公司而言，内容营销可能是写博客、在社群网站 Instagram 上发布食谱或美照，或是录制广播节目。

内容营销的定义中，关键词是“关注”和“信任”。

你发布的内容应该具有助人效果，引发读者对你和公司的关注，并且经过一段时间后，取得他们的信任。这些人会成为你的社群成员，帮忙推广内容、介绍客源，甚至会成为你事业上的伙伴或客户。

这本书就是内容营销的范例之一。在你阅读时，我就获得了你的关注；等到接近尾声，你就会觉得自己好像更了解我，也会比之前更信任我。你将更了解我的业务内容，也会成为我全球社群里一位热血的内容营销人员。

内容营销的概念已经存在数百年。《车辙》(*The Furrow*)杂志一般被认定为是最早的内容营销之一,这本杂志由约翰·迪尔(John Deere)于1895年创立,提供农具的相关信息,并且引起全球关注,至今屹立不倒。

随着网络和社群媒体的问世,内容营销进入爆炸期。虽然核心价值不变,但执行方式(特别是如何执行得好)已出现剧变。

◎ 你是博主还是内容营销人员

好的,你已对内容营销产生兴趣、满腔热血,准备好大展身手,精进自己的内容营销策略了。

但是让我把丑话说在前头,我收过上百条留言和信件,内容是提到自己备感挫折,显然大多数人都没能做成内容营销。

看过这么多失败的例子,归根究底几乎都是回到同一个简单的问题:

> 如果我问你,内容营销人员最重要的工作是什么,你会怎么说?

你的答案是什么？你会说“创作内容”或是“写博客”吗？

如果那是你的答案，那么你就犯了一个常见错误。几乎每个失败的内容营销人员都栽在了这里，因为你把自己视为内容创作者或是博主，而不是一名营销专员。

你一开始就认定自己的工作是创作内容，但你真正的工作其实是要营销公司。

不过你很幸运，这本书的内容和如何写博客无关，而是在探讨如何利用内容营销创业。首先，让我们看看内容营销如何运作。内容营销共包含三项要素：

你一定要有好的内容才能吸引目光、获取信任，而如何辨认优质内容，以及如何持续创作大量的优质内容，将是本书重点。

然而，创作优质内容还不够，因为没有优质公司，你等于是把众人的目光导向残缺（或根本不存在）的目标。

最后，在内容与业务之间还需要一项逻辑链接，我称之为“生财逻辑”，在本章的后半段，我会多加着墨。现在让我们先来看看怎么建立优质公司。

◎ 高成长公司的十大特征

9 年的创业路，我走得跌跌撞撞，高低起伏全经历了。第一次创业彻底失败，另一家公司则停滞 7 年，但也有其他在一年内就创造几百万营收的企业。我意识到有些公司打成立之初，就具有成长性，有些却不然。我特别关注创业圈中追求成长的面向，并且避开那些认为规模小也没关系的建言。

依据我自己的经验和对成功企业的观察（特别是在我第一本书《七天创业指南》中提到的公司），我把高成长公司的特征简化为 10 点，如果你的公司缺乏这些特征，那么不管用什么营销方式，都会很辛苦。

如果一个人没办法通过高质量、独特、可规模化的内容营销推动公司成长，那么公司一开始设计的时候，起始点就有问题了。它们一定缺乏这 10 项特征里的其中一项，甚至完全不符合。

我认为拥有这 10 项特征的公司，在设计之初就要让公司即使没有创始人也能茁壮成长。如果你要专注于建立内容营销机制，营销的标的就必须在缺乏你时时关照的情况下，照样成长。

要打造部分特征对你而言可能颇具挑战性，也不是每个人都想建立高成长新创公司，然而，我希望你别直接把这张清单丢在一边，可以想想这些内容对你的企业而言有什么意义。如果你能利用这些特征让公司更稳健，何不现在就开始执行？如此一来，进行内容营销的时候，会更有机会缔造佳绩。

No.1 与生俱来的获利能力

业务扩展后，创办人无法独自完成所有工作时，该怎么办？

如果公司的获利方式，造成你一旦雇人帮忙，就无法获利，你的麻烦就大了。不管你以前听过哪些说法，这都不是个容易解决的问题。你或许会想提高售价，但如此一来，客户就可能被推往其他定价较低的竞争者，而你的公司最终恐怕还是无法获利。

我在此提出一个简单的算式，建议每个企业主都应该试算：算一下你每服务一位客户，需要的所有资源。X、Y、Z 员工需要几小时完成工作，而这些员工的雇佣成本多高。试想，你的公司大小适中，你拥有足够的工具、科技来管理适当的客户数，将成本平均分给各个客户，大概就能知道提供服务的成本，算出来的数字至少乘以两倍，就是你的售价。

先卖这个价格，看看业务有没有成长，如果没有，你可能就遇到问题了。这种情况下，再多内容都没办法解决企业本身无法获利的窘境。

定价本来就很复杂，但很多公司连最基本的计算都没做，结果就是经营一家根本不具获利能力的公司。接着，他们又感到不解，为什么内容营销没办法帮他们打造能赚钱的企业。

No.2 经营大市场

常见的商业建言是要你去找利基市场，并且向着它全力冲刺。我不同意这种说法，也没看过哪家高成长公司是这样做的。

我的第一家和第三家公司最主要的差别，就是市场大小。我创立的第一家网页公司，主要是针对特定地区的地方型企业；第三家 WP Curve，则是让全世界每一位 WordPress 的用户使用，而 WordPress 的全球用户约有 7 000 万人。

市场大，自然就能获取稳定的高报酬，有时候甚至会创造难以想象的惊人成长，这也意味着我们的内容可以包罗万象，从一个大社群中获取支持。

内容营销的产物通常普世通用，如果能找到方法让你的公司也走上全球舞台，你的内容就会更有力量。

No.3 资产随着时间自然累积

所有高成长公司都有些让它们在竞争中胜出的特殊资产，可能是软件的专利，是人，又或者是品牌。小公司往往不会想到这些事情，大企业投资人却急于追求。

我们要问的问题是:“是什么让其他人无法追上并取代你？”小公司刚起步时很难做到这一点，但应该从初期就为未来打算。你的公司架构是否让其他竞争者极度容易复制并追上你的脚步？顾客想换卖家是否毫无困难？

如果答案是肯定的，你该怎么做？可以投资品牌、人员或其他东西吗？你能不能取得法律保障，像是注册商标？你是否能建立科技专业或其他实体、有形的资产？

No.4 具有单纯、能引起共鸣的独特性

我注意到高成长公司的目标通常是解决既有问题，并且提出独特的解决方法。这意味着他们不需要向民众解释最基本的问题，因为大家早就在花钱买解决方法。公司只要有一个明确的特色即可，如果这项特色能引起共鸣，受到讨论就更好。

以下举几个例子：

· WP Curve：软件开发公司，只是维修服务无上限、7 天 24 小时不打烊。

· Uber：出租车，只是更干净、安全、便宜、不臭，而且真的会来接你。

· Airbnb：旅馆，只是更物美价廉。

· Trello：便利贴，只是在计算机上使用。

· Evernote：大脑，只是你不会遗忘。

如果“只是”之后的叙述会让顾客印象深刻而引发讨论，那么你就赢在了起跑点。相反，如果你的公司没什么特点，或是有特点，却没有顾客重视，也没人讨论，麻烦就大了。

No.5 努力推高终生价值，带动营收稳健成长

营收起起落落，公司表现的可预期性一直不太受重视。长远来看，成功的企业通常都具备可预测的营收模式，相形之下，营收高潮迭起、昙花一现、月起月落的公司，较难成功。

如果你的公司每月营收固定（是经常性收入更好），那么一切会简单得多，你可以投资成长所需的工具、科技和人员，

因为你有信心下个月还负担得起。拥有厚实的营收基础，也让你得以对特定顾客或企划案说“不”，还能精准预测获利和现金流量。

如果你的公司营收不稳定、有季节性，请想想要如何让它更稳定。长远来看，每个月固定创造小额营收反而更好，只要你的获利维持在合理水平即可。

还有一点很重要，就是长期来看，你要能从每个客户身上赚取合理金额［所谓终生价值（Lifetime Value）］，相较于每次零卖一个 20 元的产品，找到月缴 80 元的订户会让营运更容易。如果终生价值不够高，你为了吸引顾客注意并建立信任的努力就无法换得相应的报酬。

No.6 投资在有记忆点的品牌

设计与整体执行（execution）是最常被忽略的市场策略之一，我注意到大部分成功的新创公司都有非常简短、好记与完善执行的品牌名称，这些品牌说起来很顺口，很容易掺入聊天内容，一下子就通过口耳相传，红透半边天。

想想几个例子：“我们叫了台 Uber”“放上 Slack”[①]，等等。

你要用心思考如何为公司打造闪亮的品牌。不只是架设一

① 提供给企业团队的内部通信平台。

个网站，上面充满了关键词，还要有一个真正强大的品牌名称，最好是简短好记，在品牌执行时，搭配世界级的设计感，反映特定价值。人们总希望能爱上品牌，所以创业时记得投注足够资源打造品牌。不会有任何一个人告诉你他们选择你的竞争者，是因为不相信你整体的设计，但这种事却经常上演。

记得你不是设计师，创业并开始营运后，你就要认真寻求协助，不要只是在 Facebook 上随便找个朋友帮忙。

要找到能为你提供最高质量服务的设计师，让你得以真正与对手抗衡，甚至更胜一筹。

最棒的一点是，内容就是打造品牌的强力推手，如果你能专注在设计上，并推出同等优质的内容，放送一致的信息，设计与内容就能完美结合，擦出火花。

No.7 以团队而非个人为起点

许多只身打天下的创业家都面临一样的问题：创办人肩负太多不同的工作。这种做法只有在创办人有能力完成所有工作的情况下才可行。

但一家好公司要完全靠个人而非团队，这种案例几乎不存在，看看世界上的新创公司，就可见一斑。

> ·我想得到的新创公司几乎都是由团队所建立。
>
> ·Y Combinator 创办人暨世界级创业专家保罗·格雷厄姆（Paul Graham）把“单一创办人”视为创业失败的首要原因。
>
> ·育成中心寻找最具潜力的入驻者，投资并协助他们成长时，几乎不接受任何没有创业团队的公司。
>
> ·投资人鲜少投资一人新创。
>
> ·拥有各种能力、能独自经营一家好公司的个人就像独角兽一样，或许存在，也或许不存在，但总之我从没见过。
>
> ·和其他创业家一样，我通常自认是个什么都能做的万事通，但在我和其他人携手创业之前，从来没成功过。
>
> ·经营公司就像坐上一台无敌巨大的情绪云霄飞车，你没办法一个人搭乘，需要其他人陪伴。

你要认真地想想这一点，你觉得自己既是顶级创业家又是世界级内容营销人员，这种想法实际吗?

在我创办 WP Curve 的时候，我同意放弃一半的所有权，和其他人共同创业。两年后，公司高速成长，已经是我上次创业努力 7 年成果的 5 倍。我宁愿拥有半家营收百万的企业，也不要百分之百持有一家营收才 15 万的企业。

No.8 知道如何且经常说“不”

好公司懂得选择自己要做的事，而且做到最好。要跻身世界级的行列，需要长时间累积，通常还要投入众多人力与庞大的经费。如果你的公司不只专注单一目标，而是多方发展，可能预示着你将碰上麻烦，你对自己的能力或许不够有信心，不认为自己能达到世界级的标准或吸引足够的顾客。

在主要服务之外，加入各种次要的额外解决方案，无法解决问题，只会让你的业务变得更复杂，使得公司更容易陷入商业模式难以获利的困境。

学着说“不”，并且把一件事情做到“世界级”。你要相信自己可以利用内容营销的技巧，为这项单一服务取得足够关注，使得需求丰沛无虞。

No.9 了解月成长的力量

我刚刚提过稳定营收这一点，但让我举个例子说明月成长的力量。假设你的公司现在每个月赚 6 000 元，并且每个月都成长 15%。

两年后，你就会拥有年营收 200 万的企业。

3 年后，就是年营收千万。

当然，没有什么事情单纯到可以直接在一年内从 200 万跳到 1 000 万。然而，这个例子彰显了月成长的威力，优质的公司明白这一点，因此疯狂追求月成长。

别老想着你一年赚多少，想想每个月能成长多少，如此一来，在你意识到之前，公司就已经大幅扩张了。

同样的思维也可以套用到检视内容的标准上。博客成立之初，我注意到流量每个月成长 5%，看起来不多，但稳健成长几个月后，不知不觉就累积了每个月数以万计的访客数。

No.10 放眼“长期”

优质的公司会避开一夕致富的规划，以及过分追求最大化，而是专注在坚实的长期策略。

争取媒体曝光、建立公众形象、推出实用内容、建立重要关系、发展优质公司文化，都算是坚实的长期策略。这些做法都无法让公司一举成功，但它们就是创造优质公司的基石。

从创业的第一天起，就应该思考这些事情，要想成是在打造一个可以传给子孙的品牌。这会激励你追求卓越，并且让你避开那些八成不适合你的时下营销风潮。

想想这10项特征，以及如何将它们融合到你的企业中。如果你创造的内容没有如期发挥成效，思考一下是不是有哪些基本的问题应该先解决。

别忘了一步一步检视这些特征，并确保你所打造的企业值得你挹注群众目光。

◎ 找出生财逻辑

有时候内容营销失败的原因在于公司本质欠佳，还有些情况则是因为内容不够好。但即使公司和内容都十分优质，内容营销还是有可能失败，原因在于公司策略中的生财逻辑不佳。换言之，内容与企业之间缺乏生财逻辑的链接。

生财逻辑就是个单纯的“哦，有道理”的检视，但很多做内容营销的人却忽略了这件事。想判断生财逻辑是否存在，只要问一个最简单的问题——读者在看完内容后，接着就转为顾客，这个转变合理吗?

让我们来看几个例子。

Moz（https://moz.com/blog）是个很棒的博客，教你如何在

Google 上取得高搜寻排名，而他们的业务就是卖软件，提升顾客的 Google 排名。对提升 Google 排名的内容有兴趣的人，会想买这类软件一点都不奇怪，这样的生财逻辑就很强，而他们已经通过内容打造出营收 3 000 万的公司。

Intercom（https://blog.intercom.io/）在博客中提供实务教战守则，教你如何建立软件公司，而他们的业务则是为软件公司提供信息应用程序。对建立软件公司有兴趣的人，自然也会对使用 Intercom 的软件有兴趣。这个生财逻辑也很强。

如果 Moz 提供的内容是教你如何建立软件公司，表现就会差得多，因为根本不合理。又或者 Intercom 教你如何在 Google 取得高排名，也不会成功导进客户。

另一个大家常常搞错生财逻辑的症结点在于地缘关系。假设你经营一家地方型公司，为实体店面架设网站，而你创建了一个世界知名的博客，一步步解析你如何做出惊人的设计，或许会吸引全球客户，却无法通过生财逻辑测试。因为大部分看到内容的读者根本不是当地人，自然也无法成为你的客户。主题选得也不好，因为你的内容会吸引到网页设计师，而他们不会成为另一家网页设计公司的客户。

然而，这不代表你的内容就只能针对自己的客群，只是整体而言要合乎常理。

你的内容、观众和你卖的任何东西之间都必须有逻辑关系。在你的观众群中，要有一定比例是潜在客户，或是有机会介绍其他客户给你，如果没有，那么生财逻辑就断了。

在你推动内容营销策略的时候，一定要想清楚生财逻辑是什么。浏览内容的人是不是能成为你的客户或是为你介绍客户，借以带动事业成长？或是需要稍微调整一下，才能建立生财逻辑？

◎ 对内容营销深信不疑

好，现在我们讲到哪儿了？

你已经大致了解内容营销，以及内容营销失败的常见原因。你知道自己需要好的内容、公司，还要在两者之间建立逻辑链接。

准备好了，是吗？

还差了一点吧，你还得对内容营销深信不疑。

另一个许多人无法顺利做好内容营销的重要原因，只要从最成功的几个博客在 Google Analytics 上的表现就能看出端倪。它们的流量图长这样：

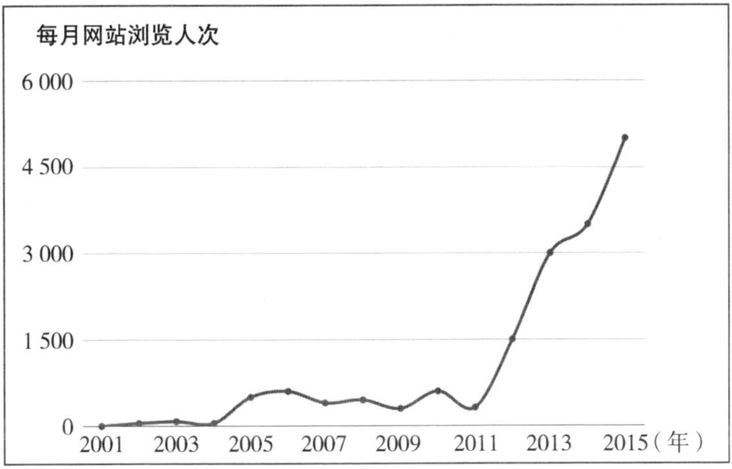

想必你已发现答案：失败的人太早放弃。动能需要长时间累积，而多数人没有耐性去支持一项没能带来立即成效的做法。

内容营销本来就需要长期累积，最热门的博客大多得花上几个月甚至几年，不断创作内容，才能步入轨道，这是常态。背后有几个原因。

1. 内容营销关乎信任的建立，而信任无法在一夕间打造。网络世界特别需要信任，人们不会急于浏览或分享新网站，你要花时间取得信任，做法就是持续形塑内容品牌，除非你是个知名创业家，不然就得脚踏实地地做。

2. 有些通路不会马上帮你宣传。举例而言，Google 就比较喜欢拥有较多链接与内容的旧网站，如果我们现在在 WordPress 上发表一篇新文章，它在 Google 的排名会很不错，但如果是在创业第一周发文，就根本挤不上排行榜。实际上，我们在 WordPress 上有一篇以前写的文章，上个月光从 Google 就导入 5 000 人次的流量，一般很难单靠一篇文章创造这么大的免费流量，但我们每个月都有数万访客通过旧文章链接进入网页。

3. 获得社群成员的青睐需要长时间努力。就像实体社群一样，你不可能跳跳华尔兹，就期待自己会跻身社群顶端，你需要时间了解社群成员的偏好，同时让他们了解你会为他们带来价值。

4. 你需要时间找到自己的定位。我已经提过找到自己的核心理念，并了解观众的喜好有多重要，这件事情并非一蹴可就，你应该了解这一路上需要不断尝试并从错误中学习。

5. 优质内容会“以一生多”。通过链接多篇博客文章、针对网站上热门的主题邀请客座写手，或是仿照成功的文章再写一篇，都能创造价值。不管做法是什么，内容营销都有规模经济的效果，随着你创造内容、打造一些受欢迎的文章，就更容易产出更多好文。

2008 年至 2013 年间，我就经历了这样的过程。在找寻自己的定位时，我遇到了很多挫折，结果不佳，创造一卡车成效不彰的内容。直到 2013 年，我终于调整好步调，连续写出几篇文章，每篇都拥有超过 200 次转推，带来数千流量，我最喜欢的广播节目开始提到我，我也受邀到其他博客写客座文章，并且被《更聪明的商业构想杂志》（*Smarter Business Ideas Magazine*）的读者选为澳大利亚最佳小型企业博主。

2013 年以前，我的网站月流量最高 5 000；2013 年，我每个月创造 1 万流量；到了 2014 年，每月流量高达 6 万。

在这段时间里，我总有些时刻必须不顾一切地相信、接受我要花很多时间搞懂让内容长出丰硕果实的秘诀，但我一定做得到。我相信自己能找到我热爱创作的内容，并且使它在我的网站上扮演最适切的角色。我从流量惨淡，走到今天取得至高竞争优势，不花一毛钱就能拉到客户。

通过本书的课程，你可以少走一些冤枉路，但依然不会一夕成功。

要不顾一切地相信内容营销必定会带来成效。

内容营销的基本功

Chapter 2 · Content Marketing Basics

本书其余的章节旨在协助你创作高质量的内容，抓住目光、建立信任，凸显你与竞争者的不同，而且可以做到规模化。

现在，让我们从内容营销策略开始谈起。

在创作优质内容时，有几件事情是绝不能让步的，这就是为什么我发现在深入写计划和实际执行之前，先草拟内容策略是个聪明的做法。记得，你要做的不是蒙着眼、胡乱地快速抛出内容，而是锁定明确的方向。

◎ 10 分钟草拟内容策略

和多数创业家一样，我觉得卷起袖子就上工，比起不断做记录自然得多，不过，在做内容营销策略的时候，却应该要留下记录。如果你单打独斗，边走边想或许可行，但如果你真心想打造可以长期运行的机制，就要从某个时点开始跳脱那种方式，转而先定调策略，再依据策略建立流程。

在 http://contentmachine.com/resources 上有免费模板，让你 10 分钟就能依模板做出内容营销策略。以下是一些要素：

·**愿景**：你的博客在完全发挥潜力的时候，内容重心是什么？

·**价值**：决定内容要写什么的时候，要遵循哪些核心价值？你可以随着时间精进，最后找到一项混合个人哲学与读者喜好的价值。

·**启发**：你要去哪里找灵感（不管是关于设计、内容还是声音等）？灵感可能来自直接竞争者，或是完全不同产业的人。

·**策略概述**：在博客背后，你是否有对于整体策略的概述？从现在起，就尽力想答案，不过在看完这本书之后，你会更懂得如何完善策略概述，特别是第五章应该非常有帮助。

·**目标社群**：你的目标社群是谁？他们会在哪里交流？

·**差异性**：你的博客和既有的博客有什么不同？你可能现在就可以找到差异点，又或者随着你越来越清楚哪些做法可行后，再做调整。

·**特殊优势**：你、你的公司、风格、团队等，有哪些优势？还是一样，你或许现在就知道，又或者会随着时间过去，越来越多的人开始参与内容后，才慢慢找到答案。

· **重要关系**：有哪些意见领袖，是你抓住他们的心，他们就能帮你宣传内容？这些人或许已经有固定的观众，而观众群又恰好是你要触及的对象。我发现要找到这些人通常不难，如果你还在苦苦挣扎，不妨试试 Followerwonk（https://followerwonk.com/）或是 Little Bird（http://www.getlittlebird.com/）。

· **指标**：你怎么知道自己的内容成不成功？如果不确定的话，可以试试我提出的三项关键指标：总体分享、留言与电子邮件回复（后续会再提到）。

· **用户吸铁**（lead magnets）**与行动呼吁**（call to action, CTA）：你可以用哪些内容来鼓励人们参与？行动呼吁又是什么？在你看完第五章后，或许会改变想法，但现在，先想想你可以提供哪些可下载的内容，鼓励人们以信箱注册，或是做个简单、好看的横幅广告，把读者导入主要要到达的页面。

在 http://contentmachine.com/resources 上提供的模板资源，包括简单的指引，帮助你在 10 分钟内定出专属于你的策略。大部分内容都浅显易懂，不过让我们深入探讨其中两项需要特别说明的。

◎ 你的内容愿景

如果你的最终目标不明确，就很难提出内容营销策略。在设定愿景的时候，不妨先想想“我／我们将代表什么”？

在创立 WP Curve 之际，我就知道世界上不需要更多营销博客，更不需要更多 WordPress 博客教你“怎么做”，所以我能提供的独特价值并不多。

然而，我清楚地知道我和创业圈的朋友需要更多“实际”的创业相关内容，通过在博客上大量发布这一类型的内容，我逐渐找到其他创业家喜欢的角度，各种题材跟着浮现。

我的营收报告引发大量关注，因为我会说明各种细节，深入程度令人意外。我会解释自己在创业的各个阶段做了哪些决定，引起其他创业家共鸣，并对我在做的事情深感兴趣。他们经常不同意我的说法，热切地留言提出见解，但他们有兴趣、愿意参与。因此，极度透明化成为我的主轴。

我之前创业失败的故事也引发了广大回响，创业家总会经历高低起伏，他们不只想看到成功的故事，也想知道其他人在创业过程中学到了什么。我有几篇较深入的贴文都是在讲自己如何跌跌撞撞地走过艰难时刻，而那些内容对我的观众群有深刻影响。于是，深入的情感联结成为第二个主轴。

我们的博客俨然成为让白手起家的创业团队寻求真实意见的场所，内容包含如何起步、成长与营销。我们的博客不像其他主题类似的网站一样，净写些空泛的内容，而是会深入且详尽地描述我们从自己和他人的经验中，实际学到的课题。我们也开始注意到战术明确、可执行、详尽、解构步骤的内容总能引起较大回响，因此，可执行的内容成为第三项主轴。

这些主轴结合在一起，就形塑了这个博客的愿景，那就是让创业家在这里找到真实、透明的营运建议，真实的创业故事，以及实际可执行与应用的资源。

我们提供关于自家公司的内幕详情，包括收入、流量统计数字、团队大小、营收 / 成本等，读者喜欢这类内容，因为这让人感觉很真实。

我们采访其他创业家，并了解他们如何起步、挺过难关，最后扩展事业版图。

分享我们成长的详细流程和工具是另一个重要元素。举例而言，读者可以看到我们雇用软件开发人员或管理客座写手的政策，这对其他创业家而言很实用，而且不是你在一般创业博客上可以看到的内容。如果你有兴趣看看实例，我将几篇表现最好的文章放到了 http://contentmachine.com/resources 上。

我相信你从商业书籍或传统“专业”商业渠道取得的信息都很空泛且无趣，因此我想要解决这个问题，而我的解决方式就是创建一个博客，提供有趣、与时俱进且真实的内容。

这成为我在经营 WP Curve 博客时的愿景。

你为内容设立什么愿景？和产业中其他人有什么不同？你的内容策略受到哪些因素影响？

简言之，你认为当下人们有哪些未被满足的需求？

一开始，你可能找不到明确的答案，但是在你阅读本书的同时，可以不断思索自己的愿景，而随着你创造更多内容，有些东西就会自然浮现，成为你的特点，并且让你的内容更上一层楼。

以下再举几个其他公司的例子供你参考：

> 卡特琳·敏秀（Kathryn Minshew）创办人力网站 The Muse（http://themuse.com），因为她相信是求职者在找公司，而不是公司在找雇员。求职者想找一个地方，可以探询在某家公司上班的实况，但是这份需求却没有被满足，因此，敏秀创办了一个。The Muse 为各家公司拍摄深入且高制作

水平的影片，呈现公司内工作的场景。求职者可以在求职的过程中，观看这些影片，寻找理想雇主，这完全反转了传统的雇佣模式。

Buffer（https://buffer.com/）相信企业应该尽可能透明化。创业家想了解一家企业内最真实、深入的细部信息，以帮助自己做内部决定，但他们找不到这些信息，所以乔欧（Joel）和里欧（Leo）创办了一个网站。

他们的网站上放着实况广告牌，将公司主要财务信息公开，从营收、亏损到成长，他们提供详细信息解释自己付员工多少钱，以及背后的原因，也提到他们花多少钱办员工进修活动、如何管理内部人员。

Buffer 的公司资本上百万，拥有数千名顾客，从创立之初就贯彻了自己的愿景，因而能打造成世界最成功的创业博客之一。

提摩西·费里斯（Tim Ferriss, http://fourhourworkweek.com/）相信可以更有效地解构成功，并学习成功方法。但他认为成功的快捷方式无处可寻，所以创办了一个博客。

> 在费里斯的博客中，他通过采访并邀请客座写手分享长篇文章（5 000 字以上），让外界了解这些人达成目标的过程。他把自己当成小白鼠来做实验，并且以此经验为题，撰写畅销书，推出电视节目。他创造的内容都和这个主题有关联，而他也已经自己定义了一块由他主导的领域。
>
> 大卫·亚斯培（Dave Asprey, https: //www. bulletproofexec.com/）认为传统的饮食与健身建议有损健康的心理状态。他相信只要通过简单的饮食与运动“小秘诀”（hacks）就能改变生活并让自己“升级”（upgrade）。他也认为许多人正想尽办法找出其他建议，却苦于没有好的渠道，因此他创立了一个。
>
> 亚斯培的网站涵盖吸引数百万读者的博客、排名超高的热门广播、畅销书和可下载的资源，主题包罗万象，全围绕着他的核心主轴。此外，他还创办了一家营收七位数的公司，主要贩卖相关产品，像是防弹咖啡（Bulletproof Coffee），全都以他的内容为基础。

成功的故事不只由知名企业家独享，也有靠个案获取惊人成果的小规模案例。我最近创立的公司 Black Hops Brewing （http://blackhops.com.au）就是个例子。这是一间位于澳大利亚黄金海岸的精酿啤酒制造商，在第四章中，我将详细介绍我们如何吸引投资人、地方报纸、会议邀约、顾客以及合伙人，全都是仰赖网站上的 11 篇博客文章。我们做到了，因为我们相信每一位热情的酿酒者都应该能轻易找到所需信息，了解澳大利亚的精酿啤酒现况，但他们的需求却没有被满足。

在这些案例中，故事的主角不只是写写博客而已，还定义了他们想要帮助的社群，并执行更广大的愿景。他们相信大众有需求未被满足，并且利用自己的特长来满足这些需求。

这就是有效的内容营销愿景的本质。

你的愿景是什么？你要在市场中补足哪个空缺？你希望大家想起你的品牌时，想到什么？你认为还有哪些需求未被满足？

这或许是你在创业之初就已经想清楚的，又或者要随着时间过去，了解哪些做法可行后，才会建立。或许你看到未被满足的需求，又或者你对某个议题充满热诚，也热爱讨论那个议题。反复思考，并且为自己的内容找到独特愿景。这个愿景会影响你在创造内容的时候，所做的每个决定，最终也会帮助你取得关注，并将注意力导向你的公司。

◎ 你的内容为谁而创

你或许曾听人用“博主”[①]来称呼网络内容写手，这个词从博客刚问世、成为世人在网络上分享想法的方式时，就已出现。虽然内容营销的构想已经存在数百年，但对于网络内容的重视，已将内容营销的概念提升到全新的层次。

博主是在博客上创作内容的人，但就像我刚才提到的，你的主要工作不是创造内容，而是利用内容营销公司，这就是为什么我比较喜欢用“内容营销人员”（content marketer）这个说法，而内容营销人员的关注焦点应该是公司。

我希望你把自己当成是内容营销人员。

你是个企业主，想拓展业务，并且要通过内容达到目标。在创作内容的时候，要针对特定观众群，因为你的最终目标是要吸引顾客。不过这不代表你可以期待文章读者直接变成客户，这种状况发生的概率趋于零，在初期更是如此。内容营销是个

① 博主是博客上创作内容的人，微信公众号运营者是在微信公众号上创作内容的人。无论平台如何变换、称呼如何改变，网络内容创造者正是网络内容营销的主体。

长期策略，不是带来直接回响的营销术。

然而，内容瞄准观众群的程度有多精准至关重要。

客户是各篇内容背后隐藏着的交集。你的内容会吸引到特定社群，而顾客就在那个社群之中。

如果亚斯培或费里斯的目标客群是保守的高阶主管，他们创新的做法就像对牛弹琴，无所成效。

你可以用两种方式定调自己的内容要为谁而创。第一个是先设立一个完全符合理想顾客样貌的“虚拟顾客”（Customer Avatar），模拟他的需求和期待，以及他想从你的内容中得到哪些收获。

例如，我们创造一个虚拟人物：约翰，他是现年 32 岁的男性创业家，正努力要创立一个能引人注目的网站，并拓展事业。

一般预期状况会是这样的：你为虚拟顾客约翰量身定做内容，他从来没听过你的公司，只是通过 Google 找到这篇内容，接着因为信任你而愿意成为你的客户。

问题是，在我的经验和多数创业案例中，这种状况几乎不存在。

这就是为什么我认为创立虚拟客户不是正确的做法。

让我举个更贴近现实的例子。以 WP Curve 而言，我们的理想客户是约翰，他是个功成名就的创业家，公司经营得有声有色，他不太重视 WordPress，但是利用 WordPress 设立网站，并且希望网站能让企业更稳固，替公司加值。

> ·约翰在 Videofruit（http://videofruit.com）上看到创办人布莱恩·哈里斯（Bryan Harris）分享的影片，影片阐述哈里斯如何通过 WP Curve 增加电子邮件转换率[①]，我们帮助哈里斯设计适合他客群的内容提案。约翰对电子邮件转换率或许没什么兴趣，但他很喜欢哈里斯的影片。
>
> ·约翰参加了 WordPress 的年会——WordCamp，因为他的网页寄存公司是活动赞助商之一。我在大会上演讲，分享如何依傍 WordPress 创业，而约翰也出席了这场演讲。他自己就是创业家，所以对这个议题有兴趣。
>
> ·两个月后，约翰开始思考自己要怎么精进自家网站。当他和创业家好友布鲁克喝咖啡、叙旧的时候，布鲁克提到自己才刚听了 WordPress 广播，是帕特·弗林（(Pat Flynn） 的 *Smart Passive Income*（http://www.smartpassive-income.com/），那一集节目邀请到 WP Curve 的诺里斯，讨论怎么让 WordPress 网站更好。因此，约翰上 WP Curve

① “转换”（Conversion）指的是访客造访网站或是从其他渠道收到推送的广告内容（营销内容）后，依据营销人员的期待实际执行某些动作。转换率则是指访客转换的比率。

网站，并想到他曾经在 WordCamp 听过我的演讲。

· 又一个月后，他要求开发人员安装新的搜索引擎优化（下称 SEO）外挂，结果他的网站挂掉了，但问题发生时已是深夜，他的开发人员搞失踪，于是他上 Google 搜寻 WP Curve，加入网络对谈，并且注册账号。

这才是内容营销发挥功能的典型案例，我们的顾客中有些已经追踪了 5 年的内容才注册，每个人的状况各异。

内容和销量之间没有直接关联，意味着常见的建议“选择一个虚拟顾客，并为他们设计”并不可行，你理想的客户会长时间通过各种渠道收到你的信息，而信任是需要这样逐步累积的。

比较好的做法，即第二种决定你的内容为谁而设的方式，是选择一个社群，并满足他们的需求。

社群中的部分人可能会成为顾客。或许他们正是你在找的人，但大部分都只是来逛逛并支持你的内容；有些人可能只是阅读，偶尔参与讨论或分享；其他人或许会成为死忠粉丝，并和所有他认识的人分享内容。这些都是好的结果，因为他们会让你的品牌曝光度大增，而且通过各种渠道发送。

在上述的案例中，如果我们创作了一些内容，主题是：“安装 SEO 外挂，网站挂点如何解决？”如此一来，约翰就不会成为我们的客户。为什么?

首先，我们不会和哈里斯携手在他的网站 Videofruit 上推出影片，因为我们忙着为约翰创造内容，而约翰对提高电子邮件的转换率没兴趣。

我也不会到 WordCamp 演讲，因为会参加 WordCamp 的，通常是像我一样热爱 WordPress 的宅男，我们的理想客户约翰是繁忙的创业家，不会出席。

布鲁克也绝不会在广播上听到我和弗林的对谈，因为我铁定不会这么做，理由是我知道像约翰这样的传统创业家不会收听 *Smart Passive Income*，那个广播的目标听众是年轻的科技爱好者。

相对地，我们的策略是帮助热爱网络的创业家拓展事业，并进行网络营销。虽然这个策略很广泛，针对的是理想社群而不是单一虚拟客户，却非常有效。

这意味着当哈里斯邀请我们帮忙在网站上弄一段影音，我们点头答应。当 WordCamp 邀请我去演讲，我不拒绝。当弗林邀请我上他的广播节目，我马上说好。结果就是我们为社群提供免费、实用的内容，并且长期打造信任，让我们的品牌口耳相传。

我不指望这些内容带来直接收益，也确实很少发生，但是内容营销策略就需要时间发酵。

不要执着于是不是每一篇内容都能吸引到新用户，只要尽可能为你选定的社群创造最大价值，尽力分享手边的实用内容，创作让人感同身受的作品，并且尽可能提出过去人们没听过的见解。

你的社群包含哪些人？

你要如何帮助他们？

多花点时间想想这些问题，并且将它们写入你的内容策略中。

◎ 站内 VS 站外：七三法则

既然是为特定社群创作，就要想办法让社群成员看见你。刚开始做内容营销，我很喜欢采用“七三法则”（70/30 rule）。如果你已经顺利打造了内容营销机制，读者群够稳定，各篇内容就能独立吸引流量。但刚起步的时候，这样的想法太奢侈，所以要着重于拉进更多新观众，而我们最不乐见的结果，就是你创造了一大堆内容，却吸引不到目光，使你的动力受挫。

七三法则的意思就是在你观众群还不大、各篇内容无法独自导流的时候，花七分的力气经营站外内容，可能包括客座写作、找内容伙伴、参与广播节目的访谈，或更积极地推广你的内容。而最后三成的时间则花在创造网站上的内容。

一旦你拥有足够的观众，就可以反过来，花七成的时间经营自家网站，三成的时间向外发展。随着你的客群越来越稳定，花在站外的时间可能会更低，但应该不至于挂零［就连内容教父赛斯·高汀（Seth Godin, http://www.sethgodin.com/）偶尔也还会上别人的节目］。

重点是：你应该触及新人，让他们来看你的内容，因为你既有的小小观众群，不足以通过分享让你的品牌声名远播。

因此，写一些客座内容，上广播，去和领域内的意见领袖对谈，看看能不能合写内容，为网站导入“新”流。

你知道的，我花很多时间才找到内容营销的正确做法，而我有信心在你摸透这本书传授的内容后,你花的时间可以比我还少。

现在，你已经确认自家公司是否具有高成长公司的十大特质，或是你正努力建立一家追求这些特质的公司。你也花了些时间坐下来，写下 10 分钟内容策略，并且认真考虑自己的愿景、为谁而写。

你也接受自己必须不顾一切地相信，因为你不太可能在内容营销上立即看到成效，但你有个秘密武器，就是在刚开始的时候，多花时间经营站外内容，取得关注，并让自己更受欢迎。

下一章开始，我们就要进入好玩的部分了：如何创造引人注目的高质量内容。

如何创造高质量内容

Chapter 3 · High Quality Content

现在你已经为公司打下不错的根基、了解内容营销的基础概念，并且准备好着手创造人们在乎的内容。

内容并非生而平等。

不会因为产量多，就获得较多报酬，你可能写了数千篇没什么影响力的文章，最后落得零报酬。相反，我也看过有人只写了几篇高影响力的文章，就顺利为自己和品牌打响知名度。

我希望你把自己当成是设计师和创作者，而不是个机器人。量不重要，影响力才是关键。在本章中，我将教你如何创作令人在乎且颇有影响力的内容。

◎ 现在就来创造一些高质量内容吧

如果你的内容质量欠佳，就不会吸引人群目光，公司也就不会获得应有的报酬。事实上，除了之前提到公司本身有问题、体制不够健全会造成内容营销失败之外，内容质量不佳是另一个常见的失败原因。

我常常对有一群人（包括内容营销专家）总是搞不懂什么

内容称得上是好内容而感到诧异，不过你很幸运，只要看完这本书，你就不会有这个问题了。

以下是我的定义：

所谓“好”内容就是你提供给观众、吸引他们目光，并鼓励读者参与／分享的内容。

把这个定义拆成两部分，就得到内容营销的基础：

1. 当读者愿意参与、留言并分享，即成就了一篇好内容。仅是创造一大堆内容还不够，页面浏览次数高也不够，如果读者没有以有意义的方式参与，那就不是一篇好的内容。

2. 好内容要吸引目光，这意味着内容好坏与你的竞争对手争抢目光的能力高度相关。举例而言，你写了一篇《如何翘起一边车轮开车》的文章，绝对比不过红牛公司 WRX 的影片。[1] 影片中，专业驾驶把车打斜，驰骋在旧金山街道。但如果你的竞争者完全没有发布任何内容，你的文章就会超级无敌有效。这个论点将会贯穿全书，内容营销基本上就像开公司，没有什么成功蓝图，秘诀只有超越竞争者。

每次有人来告诉我他们的内容没有顺利冲出流量、受人欢迎，背后的原因十之八九是那篇内容不好，主题空泛而无法明确执行，提出老掉牙又无聊的信息。这种内容不讨喜，读者不想参与，不愿意分享，还不如竞争者。

真的就是这么简单。

要是你的内容掉漆，写再多也不会带来你期待的成效。

◎ 好、坏内容教我的事

既然内容质量差是失败的关键，你就得反复问自己这个问题：我的内容真的算好吗？

如你所见，我写了几百篇的内容才顺利地吸引目光和流量，我最终也接受了这是因为我的内容不够好。

经过好几年的尝试，也走了些冤枉路，并自问内容好不好之后，我终于学到让我不断复习的 7 件事。做好这 7 件事，总能让我创作出具有影响力的内容，大受欢迎又引领我突破高原期。

如果以下 7 点有什么让你起了共鸣，那就想想该如何把它融入自己的策略中，并且在构思该写些什么的时候采纳。

1. 不要害怕走出你的利基点

内容绝对不能乏味，如果你所在的产业是个无聊的利基市场，不要预设内容一定要绕着这无趣的主题打转，多想想你的社群和他们在乎的事。

举例而言，如果你的公司是做数据备份的，写些关于为什么人们应该备份数据的文章，结果大概不好，这个主题无法激起读者的兴趣。你应该想想自己的理想社群组成是谁、哪些是他们真正想看的主题，并且针对这些主题创作。

或许你的理想顾客是一个地域型的独立创业家，需要集中备份数据，这时何不用其他周游列国的创业家故事启发他们？这种内容有趣得多，当他们想到数据备份，自然会想到你。

还记得我们为内容营销下的定义吗？如果内容无趣，就称不上内容营销。

选择绕着自己熟悉的利基产业创作是条轻松的路，也是你的竞争对手会做的第一件事。脱离这个主题，开发更有趣的故事，才能超越他们。

2. 关心你的社群

如果你能和社群建立深厚的联结，他们自然会给你提供无止境的题材构想。我后续会多谈谈如何打造社群，现在，就暂且在思索要拟什么主题的时候，把他们放在心里。

询问他们遇到什么困难、需要哪些帮助，问问他们喜欢看哪些网站，并关注他们分享的内容。

3. 比竞争者慷慨

内容营销是建立信任的练习，因此，越慷慨越好。下一章我将与你分享我如何受到网络创业家诺亚·卡根（Noah Kagan）上广播节目 *Smart Passive Income* 这件事所启发。

他的慷慨程度着实让我心头一震，因此我自问："我有办法比他更慷慨吗？"广播播出后，卡根在弗林的博客上获得了 650 条留言，我要如何超越这个数字？

因此，我自愿为任何在那一集广播节目底下留言的人检视网站。在我提出这个想法的时候，总共有超过 700 条留言，我趁着旅行期间，在机场、旅馆浏览了世界各地的网站，为了评论那些网站，花了整整一个礼拜看留言。那么你要怎么比竞争者更慷慨？

4. 让企业更透明

透明化自然能建立信任，企业透明化已成为时下潮流，这也是我一直急于拥抱的浪潮。我从2012年公司营收还挂零的时候，就公布财报，并且在网络公布所有内部重要流程，甚至包含我们雇用开发团队的流程。在接受采访或写作的时候，对我们的公司现况百分之百开放并且据实以告。

你可能觉得实行这种方法不太自在，那也没关系，但我知道这招有用。

5. 当个与众不同的人

现在网络世界杂音很多，不容易引人注意。在博客刚开始流行的时候，写一些泛泛的内容、推广业内已被广为接受的金科玉律或许还过得去。

但现在，你的内容要有梗，要有让人惊艳的独特点，要给大家一个关注你的理由。

在我写第一本书《七天创业指南》的时候，《精益创业》（*The Lean Startup*）正热，创业家无不吹捧书中的“验证”（validation）理论。我先在博客上写了篇文章，名为《为什么创业验证根本是胡扯？》，成为我最成功的作品之一，也让我坚信《七天创业指南》会有市场。

我对“验证”的概念提出相反的意见，指出对多数自行筹资的创业家而言，这个做法是有问题的，而唯一一个验证创业的方式，就是开始创业。

《七天创业指南》卖了数万本，甚至一度在亚马逊排行榜上超越《精益创业》。

唱反调让我吸引到大量目光，这本书刚出版的时候，在亚马逊排行榜上，仅次于《从 0 到 1》（*Zero To One*），而该书的内容正是教你如何当个与众不同的人，借以打造自己的事业。

并不是说你所有的内容都要反主流，但这是一个引人注目的方式，而每个产业里都有些热门主张，等着时间检视。或许那些长期被奉为圭臬的思想早已落伍了。

在听同业的广播节目、访谈或看文章的时候，眼睛放亮一点，安东尼·罗宾（Tony Robbins）、高汀等意见领袖，经常用这招。“多数人都认为 × ×，但实际上……”如果你也是“多数人”之一，那你真的得好好听听罗宾斯为什么认为你是错的。

6. 让内容更可行

挑战自己，真正助人，并采取行动。

创作有趣的内容是一回事，但有趣之外，还要实用。“实用”的定义就是有人可以将你的内容应用到他们的人生中。

例如，列出写推销信时，应该避免的十大关键错误。这个主题就很有趣，提供实际的推销信模板，一步步引导读者架构自己的推销信，因为读者用得上，所以可执行性很高。

这就是为什么我在这本书里面放了大量的架构，除了让内容有趣之外，我还希望你能利用这些信息采取行动，而我提出的架构可以让你做到这一点。

只要看回应，就能轻易判断一篇内容的可行性高不高。有人可能会来网站留言、在社群媒体贴文，或是响应你的电子邮件，你有收到像“好文必推！”或是“这个赞！我才刚设立 ××，刚好就用到文内的指引”这类回应吗？

如果你创作的内容真的可执行，就会有更多人阅读、分享，也会有更多读者转变为活跃的社群成员，甚至最终成为顾客。

想想读者要如何运用你提供的内容，以及你可以做什么，让他们更有机会实际采用。

7. 讲更好的故事

世上最有力的内容总有某个触动人心的点，或许是幽默小语，也可能令人惊喜或惊讶，又或是纯粹博君一笑（娱乐性）。简言之，好故事可以撼动人心。

讲故事是吸引并抓住注意力的绝佳方法，这已经经过了好几个世代的验证，也是你在创作内容的时候，可以采用的一种简单策略。学习如何写故事，并依据框架说自己的故事，值得练习。

看看这张说故事好手库尔特·冯内古特（Kurt Vonnegut）设计的折线图，呈现了灰姑娘仙杜瑞拉的故事。[2]

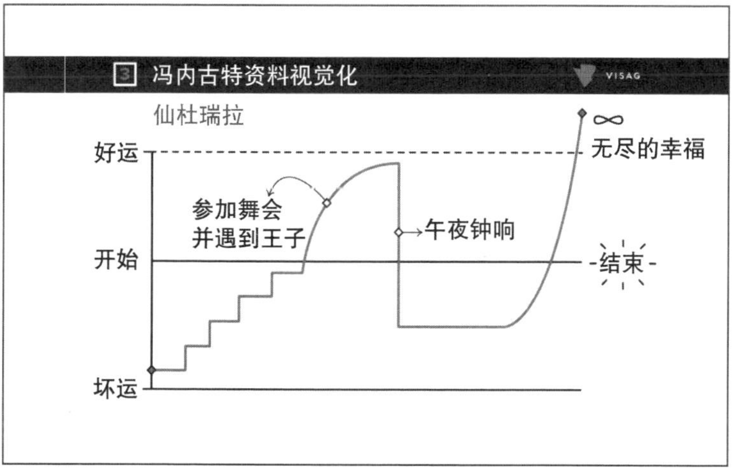

似曾相识？

还记得我在这本书一开始给你看的收入表吗？

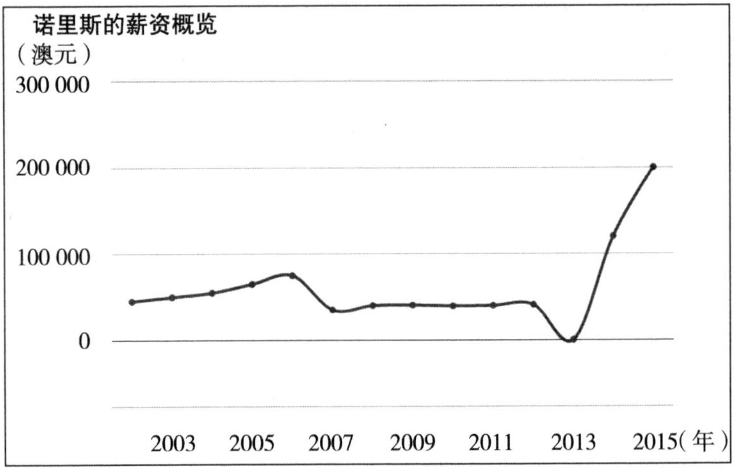

我经常分享我的故事，因为故事反映了好坏运的规则，这类故事总能引起共鸣。人们看书、看电影，耳闻代代相传的故事，内容都符合这些规则，因此对于用这种方式讲的故事，潜意识里特别有感。

你有没有顺利做到这件事情，最好的指标就是看看人们的回馈，读者有没有“这根本就是在说我啊！”或“现在的我就是过去的你，看到你一路走来真的很振奋人心！”这类的响应，追根究底，关键还是要知道你的目标读者（你的社群）是谁，并且了解他们关心的主题。看看群众的反应是不是像我刚刚所说，就知道自己的方向正不正确。

针对你的主题，学习合适的说故事方法，并且想办法说出扣人心弦的故事。

◎ 发想出前 100 个内容构想

在第二章中，我们探讨了内容营销策略，其中涵盖你的愿景，以及目标读者，现在好玩的来了！你的内容要写些什么呢？

经验告诉我，要找到内容构想最有效的方式，就是采用已验证过的模型来发想主题，并且将主题转换为内容构想。这在发想最初始的内容构想时很有帮助，因为前几个想到了，你就会抓到感觉，知道观众想要什么，各种点子就会从四面八方涌入。

这就是你的目标，届时，你不必再为内容要写些什么而苦恼。等你累积一定人气，这一天就到来了。不过，如果你还没到那个境界，或是达到了，却忽然面临撞墙期，思想枯竭，那么以下构想架构就是绝佳的资源。

◎ 主题发想架构（帮助你发想出 20 个内容主题）

让我们从设定主题开始，主题指的是在内容之上的大范畴。

我列了一张表，总共有 20 种找寻内容主题的方式。就算每一种方法都只帮助你找到一个主题，也足以让你往下发展出起码 100 篇内容。

这个架构也包含在可下载的资源中，你可以到 http://contentmachine.com/resources 下载，那是一份 Google 文件，让你能建立一张自己的构想清单。

1. Twitter（http://twitter.com）：输入代表你公司的关键词，在前面加上 # 字号（如 #wordpress、# 新创、# 网络营销），看看大家在讨论什么，选择一个听起来可行的广泛主题。

2. Google Analytics（http://google.com/analytics）：点选“行为 / 网站内容 / 所有页面报表”，确定你选取的时间范围适当，能真正了解最受欢迎的内容，并选择一个和该内容相关的主题。显然采用这一招的前提是你的网站上已经有内容了。

3. Google 网站管理员工具（Google Webmaster Tools, https://www.google.com/webmasters/）：点选你的网站，按“流量”，再按“搜寻查询”，就可以看到排名最高的关键词，找到看起来最适合你博客的关键词。当然，这也是只有在博客已经有内容的状况下才可行。

4. Meetup（http://meetup.com）：选择一个范围较大的关键词，像是 WordPress 或新创，看看观众会为了哪些主题相聚，若是看到亮点，就加进大主题列表。

5. 询问观众：善用电子邮件名单（如果你还没建立，我在第五章会说明）、博客贴文或社群媒体，询问观众他们想听你对哪些主题发表看法。一个非常简单的方式，就是在他们注册加入你的名单时，自动寄出邮件，问问他们对什么主题最有兴趣，想深入了解。

6. 客座写手：看看同业的博客，找到自由写手写的文章，和他们联络，并请他们对你的网站内容该写些什么提供建议。

7. 个人故事：大家都喜欢听故事，而每个人都有独特的故事。如果你觉得自己有个可以帮助读者的故事，那么就一定要在网站上分享。或许是你的个人经验、团队成员的经验、创业故事，或顾客的故事。

8. 询问台：如果你有设立支持平台或接收问题的电子邮件信箱，登入并且看看哪些问题经常被提起。如果经常收到相同的问题，就代表这或许是你可以通过实用内容帮助读者解决的问题。

9. Google 搜寻趋势（Google Trends, http: //google.com/ rends）：输入一些范围较大的关键词。拉到右下角看更多关键词，看看你能不能和一些时下最热的议题沾上边。

10. 收件箱：打开收件箱，看看顾客寄来的邮件，整理出相同的问题。收件者给予自动回复信件的回应是很好的灵感来源，不过你得确保自己用的不是不可回复（no-reply）的信箱，并记得要明确地请收件人回复自己的想法。

11. Google AdWords 关键词规划工具（Google AdWords Keyword Planner, https://adwords.google.com/KeywordPlanner）：点选“搜寻新的关键词及广告群组提案”，输入几个范围较大的关键词，并选“取得提案”（Get ideas），浏览广告群组提案，以及关键词提案，寻找几个可采用的主题。

12. 论坛／社团：浏览业内的论坛或社团，了解一下大家在讨论些什么。Facebook、LinkedIn 和 Google+ 上都有社团，网络论坛更是包罗万象，几乎各种主题都找得到所属论坛。

13. 竞争者：到竞争者的网站观察哪些文章表现得比较好。有些博客会放上侧边栏 widget 套件，显示“热门文章”，你也可以看一下各篇文章在 Twitter 上的转推数。

14. BuzzSumo（http://buzzsumo.com）：搜寻范围比较大的关键词。BuzzSumo 会列出最受欢迎的博客文章，并提供给你一些灵感，以找到新的主题。

15. 业内热门博客：造访业内知名博客，浏览内容。通常这类博客的经营团队都很有一套，懂得挑选主题，你可以针对相同的主题，找出不同的切入点。

16. 意见领袖：利用 Twitter 搜寻业内的意见领袖，阅读他们分享的内容。你也可以单纯搜寻关键词，或是搜寻一两个你原本就知道的大人物，Twitter 就会引导你去追踪其他相关的人。Twitter 上的意见领袖大多很懂得分享对产业影响巨大的内容，因此，你可以轻易地从中找到热门的主题。

> 17. 亚马逊（http://Amazon.com）：看看与你产业相关的大类别底下，畅销书都写些什么主题，也可以扫一下读者对特定书籍的评论，了解观众的兴趣所在。
>
> 18. Quora（http://quora.com）：在搜寻条件中输入几个范围较大的关键词，它就会明确列出大家的问题，还有它们目前得到的答案。这不仅可以让你找到大主题，在创作的时候，这也是很好的引言或回答问题的素材。
>
> 19. Reddit（http://reddit.com）：找到你的专业在 Reddit 上的分类（subreddit），看看趋势（trending threads），几乎所有你想得到的主题在 Reddit 上都有所属分类，而且用户通常都互动热络。Reddit 上的“乡民”多半会不断分享自己在网络上看到的实用信息。
>
> 20. 广播：在 iTunes 上搜寻业内的热门广播节目，浏览各集主题，并且听一些特别热门的，这会让你发现一些广泛的议题领域，也可以帮你找到在创作内容的时候，值得请教的意见领袖。

走过这一串流程，你至少会找出 20 个不同的广泛主题，如果你才第一次尝试，可能会找到几百个！

下一步就是要将这些主题转化成实际的内容。

◎ 创造内容构想（内容乘数架构）

现在你已经（至少）找出 20 个不同的大主轴，该把它们转化成可行的内容构想了。

为了帮助你进行这个步骤，我设立了“内容乘数架构”（Content Multiplier Framework）。

你可以在“可下载资源”中找到这个架构，只要上 http://contentmachine.com/resources 就能下载 Google 文件。你可以重复运用这个架构，找出多个内容构想。以下是使用方法：

利用这个架构，依据每个广泛的主题延伸内容构想，每个主题几乎都能衍生出十几个构想。我建议你按照以下 5 个步骤，来确保你执行的都是列表中质量最佳的。

STEP 1　写下你的主题

从前一个步骤的结果中，挑出第一个主题。我总是会选最好的那一个，以确保我只推出质量最佳的内容。在以下的例子中，我选择“WordPress 速度”作为主题，因为那是我们最热门的博客文章。

STEP 2　写下和这个主题相关的问题与需求

会吸引人的内容总是能帮读者解决问题，或是满足他们的需求。依据你的主题，写下相关的预期和需求。

以我为例，我写的是：

· 问题：网页开太慢会提高跳出率（bounce rate），使得客户转向竞争者。

· 读者需求：希望我的网站能和 WordPress.com 跑得一样快。

STEP 3　选择内容类型（最多 5 种）

你在网站上可以采用的内容类型不胜枚举，以下我仅列出 11 种常见类型，这里的重点是要你找出 5 种最适合你的主题呈现方式。回到“WordPress 速度”这个主题，我用粗体字标明我所选的类型。

1. **个案分析**
2. **指南**
3. **统整**

4. 实战手册
5. 如何避免踩雷
6. 信息图表
7. 比较 / 评论
8. 成本 / 价格
9. 数据分析
10. 最佳 / 列表
11. 观点

11 项几乎都适用，但我通常只会选择那些我直觉想到的，还有我认为比其他选项更独特的类型。

STEP 4 共同激荡出一个平铺直叙的标题

在步骤 4 中，你要为内容创作一个平铺直叙的标题。一开始，先简单描述文章内容。

标题一：WP Curve 如何让跳出率降低 30%

标题二：加速网站的终极指南（信息图表）

标题三：4 位专家深度分析 WordPress 的速度

标题四：拖慢网站速度的六大插件

标题五：你可以做这几件事来加速网站

STEP 5 加梗

有时候标题不用更动，但可以的话，尽量放个梗吸引读者，效果会好很多，不过要记得你的梗不要“吹太大”，不然读者看了你的内容可能会备感失望。

我在架构中加入 6 个吸睛招数，用来吸引目光：

1. 反骨：提供反传统的信息。

2. 惊喜：提出会令他们惊讶的事实，简单却与他们的认识相反的观点。

3. 先发制人：试想他们看完文章后，会有什么不同意的地方，在标题就直接响应。

4. 保证：保证他们成功。

5. 趣味：给读者有趣、值得玩味的信息，百分比或是真实案例都很适合。

6. 畏惧：引出读者的忧惧。

以下是依据我上述的主题创作的几个例子：

标题一：WP Curve 如何提高转换率并让跳出率大减三成，但又不牺牲网站质量？

过去大家可能认为要提高网站速度就得有所牺牲。

标题二：让你的网站加载速度超越 WordPress.com 的终极指南

这个标题满足读者需求，提供给他们一个很酷的阅读诱因：让网站速度超越 WordPress 本身。

标题三：马特·穆伦维格和另外 3 位专家提出如何加速 WordPress 博客的独到见解

这个标题特别点名 WordPress 创办人马特·穆伦维格（Matt Mullenweg），只要知道 WordPress 的人，就会被吸引。

标题四：为了加快你的 WordPress 网站速度，5 个可以牺牲的设计

这就是我所谓的观点文，为了加快速度，有哪些牺牲是值得的。

标题五：如何避免因网站速度慢而减少平均 20% 的转换数？

标题中的数据耐人寻味，引人注目。

标题六：6 个拖垮网站速度的插件（注意，你很可能

至少装了其中一个）

这个标题挑起读者的担忧，他们都害怕自己铸下大错。

下标可说是一种艺术，如果你需要多点帮助，请上 http://contentmachine.com/resources 看看下标指南。

另一个好习惯是密切注意在你的专业领域中，特别引人注目的内容（BuzzSumo 是很好的搜寻渠道）。看到写得好的文章，你通常会发现他们下标很有一套。

◎ 善用内容行事历管理内容构想

我发现利用免费应用程序 Trello 管理内容构想最方便。它其实就是便利贴，只是在网络上使用。你可以为每个构想创作一张卡片，指派作者、新增注解，还有各种其他功能，甚至有编辑日程专区（editorial calendar feature）。

在第五章，我会再多谈谈如何运用 Trello，但现在我们先从建立免费账户、开设“内容营销构想”版开始。

我设计了一个简单的模板供你采用，请上 http://

contentmachine.com/resources。

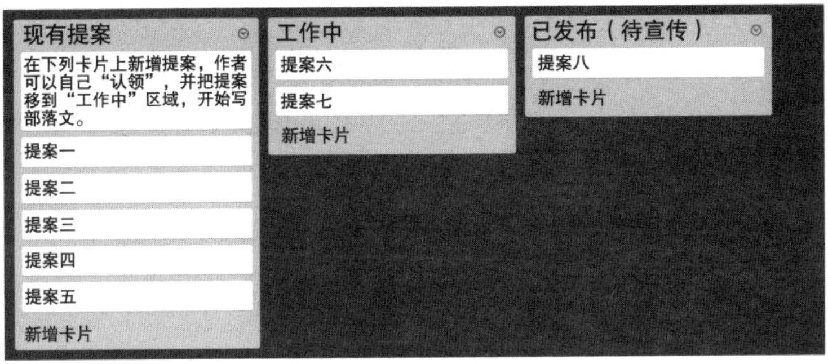

◎ 了解并善用你的强项

我已经提过自己花了极长的时间，才搞懂内容营销。

其中一个原因是我一直在看其他人如何成功，一心想复制他们的做法。

基本上对企业而言（特别是在内容上），这不是个好方法。我几乎不曾顺利复制他人的成功，因为变因实在太多了。

每一位内容创作者、观众、企业都是独特的，更不用说要真正挖掘另一个人的成功秘诀实属不易，因为经常连他们自己都不甚理解。

我能做的是试着引起我的观众共鸣，做我擅长而且能持续做的事。

我试过拍影片，但发现自己没办法做出高水平的影片，而且要找灵感很困难，搞得我压力很大；加上它不怎么受欢迎，我知道有些人影片做得很成功，但我不喜欢，所以不做。

几年来我开了几个广播节目，为自己的节目录制约 100 集的内容，然而，我发现要排来宾上节目很烦，也一直找不到一个特殊的角度，我总觉得自己做的“不过又是场访谈”。更重要的是，在聘请内容营销主管的时候，广播是个很难委托他人做的内容。因此，我决定在经营 WP Curve 的时候，不做自己的节目，只去客串别人的。

如果你花大把时间在创作内容上，就要用自己热爱的方式进行。我最常被问到的问题就是：你是怎么挤出时间的？答案是我从来没想过这个问题，因为我不需要找时间，我做内容是出于热爱。

我在飞机上写这本书，坐我隔壁的先生在看电影（希望他不会读到这段），前面的人在听音乐，后面的人在睡觉，时间是星期一午饭时间，但我不想看电影、听音乐或睡觉，我就是想写作，所以我选择动笔。

你或许不喜欢写作，那也没关系。你喜欢什么？喜欢演讲吗？演讲是个很棒的创作方式，而且可以轻松找到人帮你弄成影片，放上网站。你喜欢和其他创业家对谈吗？喜欢的话，不妨试试广播，或是设立免费问答时间（office hours），把内容字稿上传到网站。

或许你喜欢拍影片、设计或写程序，不管你的兴趣是什么，只要能找到一个方向，创作对你的社群而言有意义的内容，那么你就在通往做出好内容的路上。

如果你是个设计师，热爱设计，不要以设计为题写作。直接设计企业标志（logo）、博客布景主题，并免费分享。

如果你喜欢演讲，拍影片上传 YouTube 或 Instagram，或是在 Periscope 上直播。

如果你是个程序开发人员，写点插件，并分享在自家网站，这一招很容易吸引到人注册并分享。

专注在自己热爱的事，就不用担心“找不到时间”，在你的努力得到回报，社群感谢你、公司开始成长后，更是如此。

当然，这是假定你已经创了一家优质公司，让你有时间做自己爱做的事。如果你还在努力挤出时间，或许可以再复习一下第一章的内容。

花一段时间观察你自己喜欢、擅长什么，专注在这点上，就会找到适合自己的位置。

◎ 设定内容质量标准

另一个我觉得很有用的做法是针对我的内容质量设立高标准。不过你我的标准未必相同，因此这并非信条，仅是个人观察。

你可以用我提出的标准作为基底，调整之后，做出自己的高质量内容标准列表，甚至可以把它们放进你的内容创作规则中，以确保你和所有客座写手在创作的时候，都会把这些标准谨记在心。这个列表中提到的标准，大多可以应用到各类写作内容，特别是像我这种做企业对企业（B2B）生意的小公司。

你可以上 http://contentmachine.com/resources 下载这个列表，它是 Google 文件，可再依自己的需求做调整。

实用的内容

这个内容有人用得上吗？可以针对一个社群遇到的问题或限制提供解决方法。如果你用这项标准检验既有内容，就要思考如何使内容更加实用。

简单易读

请确保你的读者在浏览内容的时候不会很吃力，写个简短的前言，语句简单，多留白，别写些浮夸之词。不要放些广告窗口或其他内容干扰阅读，读者喜欢快速浏览，并迅速抓住重点，因此，应该多列点或以清单呈现，善用大／对比强的文字、干净的图片、设计精简，才能有效地抓住读者的注意力，并让他们想再次造访。

具有公信力

信用佳是颇有帮助的。你要如何增加内容的公信力？如果作者本身就有公信力当然最好，在文章中加入专家的见解也是个好方法，或是附上外部取得的数据与链接，设计佳、写作质量高也有加分效果。

可以触动人心

如果你特别针对一个社群，应该非常清楚他们是谁、心情如何、面对哪些挑战等，写些可以带动他们情绪的内容，想想要用哪些影像和文字来吸引他们。

这不只关乎你

有些与你相关的内容效果还不错，但多数时候应该以读者为中心。多想想“你们”，而不是“我”，除非你要讲个人故事，而且希望能引起共鸣。

精准、不空泛

广泛的内容通常不实用，采用主动语言，尽可能针对读者。你可以善用 Hemmingway Editor（http://www.hemingwayapp.com/）这项工具，看看在哪些状况下适合用被动语言。

展现慷慨风范

看看你的内容，并决定创作动机。你只是想要大家付钱买别的东西，抑或是适切地展现慷慨风范？

要有原创性

这是全新的观点，还是别人讲过几千次的老梗重发？可以多加点东西，把它变得前所未有吗？

可以分享

创作那种大家会想分享、告诉其他人的内容。我的想法是，如果 100 个人都只点赞，那么这 100 个人就是认为我的内容没有好到让他们想分享。听起来很严苛，但这是衡量质量的绝佳标准。

加点趣味

要记得，如果不有趣，就称不上内容营销。标题吸睛吗？有没有什么好梗让人想看？内容本身有没有提出独到见解，引起社群成员的兴趣？

高质量的设计

确保你的内容在执行时，采用高质量的设计。有没有高质量、原创的配图，而不是劣质、低像素的图库图片？

确保内容连贯

内容的逻辑架构是否清楚引导读者从一个段落连接到下一个？各段落间的联结应该要让读者容易理解。在各段加入简短导言与结论，或在段落间加上过渡，都能有所帮助。

增加娱乐性

如果让人看了发笑，那就大加分。显然不太可能每次都做到，每篇都好笑也未必好，要视内容而定。我会在第四章，特别谈谈幽默这件事。

内容要详尽

我发现长而详尽的内容效果都不错。在社群媒体上发表的内容可能（而且有时候是必须）简短，但如果是你的网站，要给访客一些他们可以慢慢咀嚼的内容。读者会不会加上标记，等有要落实建议的时候回头再看一次？

监控受欢迎度

只关注你自己想要什么当然不是通往成功的路，最终，你的观众才是重点。你要看哪些内容会引起他们共鸣，并找到你擅长的与观众爱的两者间的“甜蜜点”（Sweet Spot）。[①]

看看你目前的内容表现如何，这是最简单的方法。写过600多篇文章后，我已经达到一个境界，就是我知道哪种内容可以

① Sweet Spot 原指高尔夫球中的最佳击球点，在内容营销领域，用以比喻内容吸引目标受众参与，并创造最大成效。

成功吸引我的观众群。为了创作那些内容，我会忽略传统的标准，采取更有意义、更受欢迎的做法。

很多人都是看文章浏览人次来决定成不成功，浏览人次对媒体公司而言是个关键，因为他们卖广告的时候是要看页面浏览数的，但这项指标却几乎无法告诉我们这些非媒体业的人，大家有多在乎我们的内容。

有些人看点赞数，并假设很多人点赞，就代表内容好。但对我而言，“赞”意味着内容没有好到“分享”等级，那些以赞自满的人标准过低。

我建议你看 3 项关键指标：

分享次数

我建议不要单看造访人次或点赞数，建议大家看看社群媒体分享数。针对我们的内容，我会特别检视 Twitter 统计数字，这是个很不错的指标，让我了解大家比较有可能分享哪些内容。有些人浏览或点赞很好，但分享是另一个层次，读者只会分享最好的内容。以我们的内容来看，在 Twitter 上转推这个指标比 LinkedIn 或 Facebook 分享稳定。

在计算总分享数的时候，你可以在网站上加几个按钮，或是使用 Like Explorer（http://likeexplorer.com）或 BuzzSumo（http://buzzsumo.com）。

留言次数

跟分享一样，读者留言和阅读或点赞是不同层次的事情。然而，只看留言数不是很准，往往有点自我感觉良好。

我建议要关注留言的用字，我自己是用一个叫作 Disqus（https://disqus.com/）的插件，通过这个插件，可以看到质量较高的留言内容（剔除垃圾留言，或是来求反向联结的）。我发现我们的财报会吸引很多人认真参与讨论，读者会抛出有趣的问题和建言，因此，我们积极操作这项元素，每个月刊出，作为当月的第一篇文章。

我很喜欢看到实际的证据显示读者真的从我的内容得到价值，而且付诸行动。“好文”这种留言不错，但是如果有人说，“这很有帮助，我有用到公司里”，就更好了。如果读者实际应用，我们就知道内容是有效的。

邮件回复

我们几年来建立了一张电子邮件名单，每个礼拜都会发送表现最好的内容。我直接从自己的邮箱寄送，如此一来，通过读者回信，我就知道哪些文章引起的回响较大。有时候我几乎没收到回音，有时候回复大量涌入，写满鼓励的话语或问题，这时候我就知道我们的内容成功了。

一段时间之后，你就会慢慢弄清楚哪些内容最对观众胃口，可以反馈到你的内容策略中。

有时候内容对读者的影响并不明显。你的文章可能被转推数次，感觉不赖，但他们真的在乎吗？留言让你可以更深入地了解读者到底在不在意。数字不重要，读者的响应才重要。

◎ 以内容驱动的 SEO

在这个探讨高质量内容的章节结束前，我们来谈谈 SEO[①]。很多人都会说，你的内容营销策略要有效果，必须想尽办法让内容在各方面都获得搜索引擎的青睐，但我不这么想。虽然我

① SEO 是由英文 Search Engine Optimization 缩写而来，中文意译为“搜索引擎优化”。SEO 是指通过站内优化，如网站结构调整、网站内容建设、网站代码优化等以及站外优化，比如网站站外推广、网站品牌建设等，使网站满足搜索引擎收录排名需求，在搜索引擎中提高关键词排名，从而吸引精准用户进入网站，获得免费流量，产生直接销售或品牌推广。

认同 SEO 有其重要性，但我认为高质量的内容更重要。在提到 SEO 的时候，我会把它归类为内容质量的相关议题。

我不想理会那些“专家”，他们总是说自己手握在 Google 上提升搜寻排名的秘籍，但就我自己的经验来看，试着钻 Google 的漏洞无法建立长期、永续的流量。

正确的手法比那些复杂得要死的 SEO 秘诀简单得多。

1. 别搞砸基本的站内 SEO 因子

让网站为 SEO 做好准备非常容易。事实上，如果网站成立不到 10 年，大概原本就设定好了。你只需要做以下四件事：

（1）确定你的主题在对的地方采用对的标签（例如，确定你的文章标题都是 H1 标签）。

（2）确保程序是干净的 HTML/CSS，而不是用一些过时的表格（table）或其他垃圾进行排版。

（3）确定内容的 URL 和逻辑。例如，http://wpcurve.com/wordpress-speed 有逻辑，但 http://wpcurve.com/p=45234dfg?? 就没有。

（4）确定你可以决定每篇文章的标题、叙述和

> URL，如果你是用 WordPress，那么 WordPress SEO by Yoast（https://wordpress.org/plugins/wordpress-seo/）这个免费插件就可以做到这一点。

2. 创造很多高质量内容

希望本章让你等不及要创作高质量内容了，但如果你的热情还是没被激发，请记得 Google 喜欢大量内容，但不喜欢大量垃圾文章。高质量内容才对 Google 的胃口，而且它比你要懂得怎么辨识高质量内容。所以，相信我，不要跟 Google 比智商。

3. 必要时进行基础关键词研究

我的内容大多不针对特定关键词，我宁愿着重在比较基本的东西，而且只要我非常了解自己的观众群，在决定关键词的时候，八成能下正确决定。

然而，有时候针对特定关键词有其道理，而且上 Google 搜寻一下哪些关键词最值得探究，并不困难。

如果你才刚开始做关键词研究，最简便的方法就是用 Google Adwords 关键词规划工具（https://adwords.google.com/KeywordPlanner）。我会依据我想创作的内容，输入一些范围较大的关键词，接着再选择那些真的有人搜寻的关键词。使用Google关键词规划工具时，你可以依据实际搜寻次数筛选关键词。筛选数值依据你的博客发展程度而有所落差，早期你或许可以选择实际搜寻次数介于50~200之间的关键词，之后改选搜寻次数好几千的。如果你还想进一步做细部关键词研究，也可以采用进阶版的关键词工具。

如果时间充裕，而且自认手边的文章有机会成为业界第一，选一个热门的关键词可能是个高竿的做法。

4. 依据选定的关键词优化文章

最后一个步骤，是要依据选定的关键词优化文章。大部分的网站系统都会帮助你做到这件事，就像我刚刚提到的，如果你用WordPress，就搭配Yoast的插件。

如果你选了特定的关键词，那很不错；如果没有，还是可以进行这个步骤，就猜一下你创作的内容中，哪些语句影响力可能最大。如果装了Yoast，你一开始输入想到的关键词，它就会自动跳出下拉选单，提供适切的选项。

要真正做到文章优化，其实只需要做好三件事：

（1）确定文章标题涵盖选定的关键词，如此一来，可以确保你的关键词出现在标题卷标（heading tags）、所有自动产生的内部链接，以及页面 URL（如果用 WordPress，这就是永久链接）。

（2）在第一段就提到关键词。这通常很容易，你无论如何都要做。

（3）确定你的 SEO 标题（有时候和文章标题一样）包含关键词，且长度适中。此外，你的叙述也包含关键词，并且吸引读者通过 Google 点进网页。如果你想用不同的 SEO 标题，采用像 Yoast 这类插件，就能轻松做到。

当然还有很多更精细的 SEO 手法，但这些基本步骤就足够用了。只把重心放在最基础的事物上，感觉好像不够努力，但我还是认为内容的质量比怎么做 SEO 重要得多。

大家会分享高质量内容的链接，而那些内容就是 Google 会看上眼的，这一点永远不会改变。

你已经了解创作高质量内容的基础，这是内容营销要成功的三大面向中第一部分。但你要怎么创作一篇被注意且效果佳的内容？

在下一章中，我会用一些创业家的例子来做个案分析，这些创业家都成功创作吸睛又效果佳的内容，而我也会提供给你一些实际工具，帮助你达到一样的效果。有些网站颇负盛名，已是站稳脚跟的内容来源，也有些才刚崭露头角，规模小得多，这当中起码有一个个案会刺激你，让你想想自己要如何让内容产生差异。

Ⅳ 如何做到差异化

Chapter 4 · Differentiation

◎ 如何成为有创业头脑的内容营销人员

诚如我在自序中提到的，内容营销人员最常犯的错误之一，就是只关注内容量，而忽略了策略。写博文是博主的工作，内容营销人员要做的是营销企业。

成为优秀的内容营销人员有个必要条件：具备创业头脑。一般人认为创业家就是寻找市场的空隙，并从缺口切入，而我认为最成功的创业家，其实是进入既有市场，提供独特的产品或服务。

以我的公司 WP Curve 为例，我们就没有无中生有、创出什么新东西，而是进入一块既有的健全市场（顾客花钱请程序开发人员维修网站），并且发展出特别的服务（订户缴月费，就能享有 7 天 24 小时无限维修服务）。

Uber 一脚跨进既有、庞大且健全的交通运输市场，并且提供特殊相关服务（让旅程更舒适、安全、便宜，驾驶员收到通知一定会接到人）。

Airbnb 也一样，旅馆／住宿这块大而健全的市场早已存在，Airbnb 只是加了点料（让个人出租住家，让旅客少付点钱还能获取较好的服务）。

这才是大部分创业家在做的事。他们进入一块既有市场，因为带来更好、更独特的产品或服务而引起关注。

世界上最优秀的内容营销人员做的事也是如此。他们不是单纯地创作内容，而是针对特定社群创作，因为提出独到见解而超越他人、吸引关注。记得，你的独门功夫，就是要让顾客在乎并愿意口耳相传。

“差异化”这个观点其实是内容营销人员的大好机会，但其他内容营销的书籍或文章，对此几乎只字未提。

在本章中，你会看到其他成功的内容营销人员，如何从“每日一篇”的泥淖中脱身，找到正确方向，创作高质量内容，获得读者关注并建立信任。这当中至少有一个策略会引起你的共鸣，而那项策略可以让你在自身产业中发挥翻天覆地的功效。有些产业发展得相对较快，而这些产业中的简单技巧，移植到其他地方可能会带来惊人的成果。

在阅读这些故事的时候，思考一下，有哪些要点可以应用到你的内容上。你能不能学习马库思・薛里丹（Marcus Sheridan），帮助读者解决问题、分享其他人选择保密的诀窍？

或是像卡根一样，不断提供建议，直到你用尽各种方式让自己成为最佳帮手？你的观众群会不会想一窥你的公司秘籍？

如果你受到本章的策略规划启发，想到一些点子，别忘记加到 Trello 的记事板上。

◎ 揭秘者

2008 年至 2009 年间，美国经济崩盘，玻璃纤维泳池产业遭受重创。薛里丹的玻璃纤维泳池公司 River Pools and Spas，此时苟延残喘。过去总靠广告维持公司损益两平的薛里丹，再也付不起广告费了。

虽然内容营销的概念存在多时，但网络相对是个新兴领域，传统产业几乎不曾涉足，因此，薛里丹和他的竞争者都鲜少在网络上发声。那时候，内容营销系统十分稀有，网站点开多半只看到一张文宣（brochure site）。

薛里丹看见商机，他知道 Google 正席卷全球，而群众搜寻泳池公司的方式也转变了。他时间不多，必须火速行动。薛里丹召集所有团队成员，并给了场激励人心的演讲，动人程度直逼苏格兰民族英雄威廉·华莱士（William Wallace）在电影《勇敢的心》(*Braveheart*)中，史诗级的独白。

他要求团队成员写下潜在客户最想问的问题，剔除重复的项目后，他们总共写下了100个问题，包括：

- 盖一座游泳池要花多少钱？
- 盖一座游泳池要多久？
- 想盖游泳池需要哪些许可？
- 玻璃纤维泳池和其他材质泳池有什么差别？

薛里丹知道，顾客会问团队成员这些问题，八成也会上Google搜寻。但是，当他搜寻“盖一座游泳池要花多少钱？”时，如他预期，答案千篇一律，不外乎是“打电话请对方报价”“变因太多”“我们对此报价恕不负责”等。薛里丹深知提问的人不是想要知道精确的价格，只要有人提供大概的金额，就能帮助他们进一步做决定。

薛里丹决定要当那个分享秘密的人，反正每个业内人士都心照不宣，讲出来也没损失。

因此，他要求团队写下所有问题的答案，并在自己的博客中分享。文章提到盖游泳池要花多少钱、玻璃纤维泳池的价格、其他材质泳池的价格等。

他甚至把几篇最精华的文章集结成电子书，在员工和顾客对谈之前，就先提供给对方，成为销售前的参考数据，让销售过程更顺利。顾客也因为他一开始就主动帮忙，而对薛里丹更加信任。

在网站上回答了数百个问题后，薛里丹归纳出五项顾客的最爱：

1. 成本／价格系列
2. 问题系列
3. VS ／比较系列
4. 评价系列
5. “最佳 ××”系列

实际例子包括：

1. 玻璃纤维泳池的价格？
2. 玻璃纤维泳池最常见的五个问题及其解决方法。
3. 水泥或混凝土泳池VS玻璃纤维泳池VS乙烯基衬垫泳池，哪个比较好？

4. 评价：澳商堡礁玻璃纤维泳池（Barrier Reef Fiberglass Pools）。

5. 弗吉尼亚州里士满市（Richmond）最好的泳池建造商是谁？

薛里丹的公司成为亮点。其他同业在那段时间愁云惨雾，它却持续成长，成为美国最大的玻璃纤维泳池公司，每年赚进数百万美元。他的网站也持续蓬勃发展，现在已是世界上针对玻璃纤维泳池的权威信息来源。

以现在的观点来看，薛里丹做的事情一点也不先进，但他所在的产业中，其他人都还没动起来，他因此成为焦点。

我相信世界上还有其他产业可以用这一招，这些领域内的人依旧神秘，没有人站出来当揭秘者，应该将这些秘密公之于众，交给公众做决定。

事实上，我新创立的精酿啤酒制造公司 Black Hops Brewing 正是这么做的。通过几篇简单的贴文讲述我们怎么做啤酒、分享设立酿酒厂的计划与其他类似幕后花絮的知识主题，我们顺利创造佳绩。博客上线的前几个月，精酿啤酒圈的主要博客和当地报纸都花篇幅介绍我们，另有四项投资提案，愿意资助我们建造酿酒厂。我们出席各类活动，总听人说，他们很爱看我们的博客。

在经营公司的时候采取这种透明化手段，勇敢地把那些别人拼命保护的秘密分享出去，就能大大提升信任度。同时，还是个说故事的好方法，而大家都喜欢好听的故事。

◎ 如何成为揭秘者

STEP 1：研究你的领域内最重要的“前五大内容”关键词句。举例而言，你是个会计，关键词句可能是：“请会计记账要花多少钱？”

STEP 2：上 Google 搜寻这些关键词句，一次搜一句。首先，浏览结果并观察：（a）是否有某个网站，每次搜寻都排名在前面？（b）针对这个主题的相关内容质量如何？不要管付费广告，就看最原始的排名，并且利用前一章提到的标准检视内容质量。如此一来，应该能找到你想找的、有用的内容。如果有些文章处理议题的方式很模糊，那就是你写出超越它的内容的大好机会。

当我开始寻找“建立精酿啤酒厂”的优质内容时，只找到一个博客，针对成本、过程等，提供真的有用且实际的建言。那个博客只有一两篇旧文章，除此之外，完全找不到我要的信息。

如果你和我遇到一样的状况，那就太棒了！

看到缺口，就要准备好创作。

1. 从薛里丹的“顾客前五问”开始，将这五问放入“内容乘数架构”（请参见 http://contentmachine.com/resources），每个问题都能延伸出一堆可行的文章内容。举例而言，“请会计记账要花多少钱？”可以进一步改成“如何避免不必要的记账费用？”“6 个简单步骤，记账没烦恼”“如何减少记账成本？×× 公司这样做”“评价：3 个最实惠的记账工具”等。

2. 再学学薛里丹，把他的做法应用到你的公司。问问你的团队成员，他们常被问到哪些问题，请他们针对问题写下答案。

3. 将每个内容构想化成文章，并复习第三章“设定内容质量标准”小节，确保内容质量。

4. 看完薛里丹的五大问题后，再看前 20 项主题架构，找更多信息来源，为你挑出常见问题，并重复上述步骤。

针对这项策略，我再补充几点：

· 内容要个人化。这项策略的重点是要建立长期信任关系，文章挂本名，放上个人照，并使用轻松（但不是随便）的语言。顾客都很喜欢这种风格，这让他们觉得自己可以直接与企业主对话。

· 写作的角度不要从贬低对手出发（例如，“我们的竞争对手希望你相信……”）。攻击别人不会建立信任，你要扮演教育顾客的角色，同时接受他们才是最后评断你和竞争者孰优孰劣的人。

·把最好的内容集结成电子书或其他可供下载的文档，用户以电子邮件注册就可以取得。这类内容通过电子邮件传送的效果很好，因此，当他们为了取得电子书注册之后，你就可以寄送一般的互动邮件。如此一来，用户真的有需要的时候，第一个就会想到你。我在下一章中会进一步说明。

· 在社群媒体、实体聚会或论坛上，成为社群中的活跃分子。这类内容需要一点推力才能起步，你要化身为小帮手，其他人需要相关信息都会来找你，想要成功，就要成为那个助人之人。随着时间，人们会认可你的努力，你可以把他们引导到网站，邀请他们看到实用内容时，随手分享。渐渐地，Google 就会发现你的网站是这个议题的权威。

不过，你要记得这不是最先进的内容策略。如果你做到了，那很好，但随时准备更上一层楼，在竞争者追上时，再次创新，因为这种策略很容易复制。

◎ 不倦者

每隔一段时间，就会有人旋风似的进入市场，把其他人全掀飞。不过这种事不常见，特别是在网络营销的领域，因为几乎所有事情都有人尝试、测试过。但 2012 年底，约翰·里·杜马斯（John Lee Dumas）开创 Entrepreneur on Fire（http://www.entrepreneuronfire.com/）时，就引起了轩然大波。

事件发生前的几个月，我在菲律宾参加了一场演讲，听创业家丹·安德鲁斯（Dan Andrews）如何把他的广播节目 *Tropical MBA*（http://tropicalmba.com）打造成一家成功的公司。他提到要找出独特角度，并分享每日推出创业广播节目的构想，我当时没想太多，因为说真的，听起来执行不易，整体而言又不怎么实用。

我想其他人的想法跟我相去不远，只有杜马斯例外。

那正是杜马斯费尽心思在做的事：为创业家提供每日广播。

这和 *Mixergy* 或 *This Week in Startups* 之类的访谈节目类似，唯一的差别是每天一集，每一天他都会采访一位创业家。

杜马斯一开始先和资深营销人员暨广播节目主持人杰米·泰迪（Jaime Tardy）合作。杜马斯参加了新媒体博览会（New Media Expo），并通过泰迪和业内其他大人物［包括德瑞克·哈彭（Derek Halpern）与弗林］搭上线，他当场邀请这些人上节目。多数人都点头答应，而且真的献声，这让杜马斯很开心。

当时，每一个听他大谈想法的人，几乎都给他一样的响应：“不可能！”“你没办法做那么多！”或“你最后会找不到创业家！”“谁想每天听广播啊？”当然还有：“你怎么赚钱？这不具有任何商业模式。”

杜马斯不放弃，他在广播正式上线前，尽可能采访创业家，希望能在上线前累积 30~40 份访谈，让他能顺利开台。他还有个精明的点子，就是确定大人物的访谈会在前几集率先播放，让他一上线就吸引大量关注，获取信任。

杜马斯和他的伙伴凯特（Kate）成功展开旅程，而且至今仍在运作。两年内，他们就通过这个广播节目创造了 7 位数营收的公司。现在，他们已经采访超过 1 000 位创业家，并且从开播开始，每天都推出一集节目。不仅如此，凯特还开了她自己的广播节目！

我认为杜马斯之所以成功，不纯然是因为找到特别的切入点，至今我依然觉得每天一集不是大家听特定节目的主要因素。在我看来，杜马斯纯粹是靠努力，他比任何人都努力。

其他人最多一周才推出一集广播节目，但杜马斯说："不要，我一天要做 10 集。"他每周都会用一天接连录下多集访谈，为一整周做准备。一天下来很吓人，但其他天他都能自由处理公司事务，并且进行其他种类的营销，像是参与其他广播节目的访谈或网讨会。此外，由于他一口气就做完好几个礼拜的事情，就算他放几周假，库存也够。

他达到了新的境界，而他最开始旋风似的开台，也为他创造了动能，直到今天依旧推着他前进。上线前 8 周，杜马斯的节目在 iTunes 上，登上"全新且值得关注"（New and Noteworthy）版，并且在热门排行榜上名列前茅。接受他邀请、参与前几周访谈的大人物经常提起他，使他得以触及各个创业领域的人，扩大听众群。

他在内容的基础上，进一步公开让人惊艳的每月报告，以及实用的网讨会。他针对内容设计了非常严谨的流程，让他能一口气做完他的工作，其他事情就由他人代劳。由于杜马斯的节目持续地推陈出新，下载数因而不断攀升，其他公司都想抢着上节目，光是通过广播节目，杜马斯每个月就进账 6 万元广告收入。这仅是他整体营收的一部分，但每周工作一天，就能有此收获，真的很不赖！

我相信一定有非常多产业需要这种冲击。在这些产业中，每个礼拜只简单写一篇泛泛的文章，或拍一支影片是常态，这时候只要有人埋头苦干、创造动能，就能掀起旋风。

你的产业也是这样吗？

如何成为不倦者？

和揭秘者一样，如果已经有人做了，你大概就没办法产生差异。就像你如果想做创业家访谈，就没戏唱了，若只是看着杜马斯的做法，依样画葫芦，就无法引发关注。

因此，稍微了解一下你所处的产业现况吧！到 Google 搜寻和你的主题相关的内容排名如何，看看社群媒体上，大家都分享哪些文章，以及这些人创作了哪些内容。通过 iTunes 和 YouTube，浏览产业中的领袖级人物都在做些什么。

你或许可以试试看以下几种做法：

- 写出更多内容，像是每天一集广播或是一篇文章。
- 写出较长的内容。或许当前的创作者写的大多是 500 字的无聊文章，你可以写出 2 000 字的精辟文吗？

· 表现得更慷慨。你可以提供什么？其他人有要求读者注册电子邮件吗？你愿不愿意提供电子书、软件、流程或架构？你可以连他们的电子邮件都不要，就直接提供这些内容吗？

· 你可以利用一些新平台吗？看看 iTunes、博客发布平台 Medium、YouTube、App 商店、iPad 杂志、直播网站 Periscope（https://www.periscope.tv/）、社群网站 Snapchat（https://www.snapchat.com/）、Kindle，任何一项。你可以进到某个平台，并趁着既有霸主忙于经营其他平台时，创造最好的内容，夺得在那个平台的发声权吗？

一些后勤问题也要一并考虑：

· 你需要雇用一名虚拟助理处理核心业务吗？

· 你可以雇人捉刀，或是请客座写手吗？

· 是否要请团队帮忙？

· 在执行时，你会采用外部服务还是雇用一个远程团队？

· 你要是生病或不在公司怎么办？可以预留库存内容吗？

长远来看，这些问题应该都可以解决（特别是在财源无虞的状况下）。短期而言，或许就要比其他人更努力，工时更长，并且不顾一切地坚持下去。这种话说起来不中听，但这就是不倦者的态度，杜马斯就是这样成功的。

如果你想采取每天推出新内容的策略，可以在 WordPress 上创作，并且用发文“排程”功能，默认发文时间。内容生产要做到这种程度，许多必要流程可以通过虚拟助理（Virtual Assistant）处理，每个月只要 400~500 美元，就能雇用全职助理。如果你想这么做，可以参考顾问服务公司 Virtual Staff Finder（http://virtualstaffinder.com）的网站。

◎ 施与者

卡根的事迹，值得我在多个章节中反复提起。卡根在愿意付出这一块，真的是无人能及。

其实归根究底，内容营销就是为一群人创造价值，你给得越多，就越有机会脱颖而出。送出几篇简短的文章易如反掌，但你可以付出到什么程度？

我一开始会注意到卡根的施与者性格发挥得有多么彻底，

是听到他上弗林 *Smart Passive Income* 访谈。[1]卡根在节目中谈到验证与创业，不只讲了他自己创办 AppSumo（http://appsumo.com）的故事，还给了很多实用建议，教大家怎么如法炮制。

这是我听过的广播节目访谈中最实用的一集，但对卡根而言，这样还不够。在花了整整一小时抛出直接而珍贵的内容炸弹之后，卡根在访谈结束前问了一个问题："我要怎么做，才能让这次访谈成为你做过的访谈中最棒的？"弗林响应后，卡根就继续滔滔不绝地抛出更多实用秘籍，提供给听众尝试。

但卡根还是不满意，他接着说："你知道我们该怎么做吗？我应该让你的观众飞到奥斯汀（Austin），和你我一起研讨他们公司的问题一整天。"我知道卡根平常当顾问一天收费 1 万元，但他完全开启了施与模式，一个劲儿地要创造这个节目上最珍贵的访谈。

在那之后，卡根又更进一步。他的公司 AppSumo 什么都能送，从电子书送到软件工具。像是帕提尔设立的 Crazy Egg 和其他知名软件工具公司，都提供卡根的部分观众终生免费账号，卡根也在 SumoMe（http://sumome.com）品牌底下，发布自家插件，从 Twitter 画重点程序、风管热度图（heat maps，译注：标出各种风险的可能性与严重性的图表）、弹跳工具到内容营销分析工具，通通免费。这些还都只是附赠品，他的博客 OK Dork（http://

okdork.com）固定推出高质量的详尽贴文，卡根也固定上广播节目与网讨会帮助其他创业家。

卡根活脱脱是个施与机器，他也通过这个方式建立总人数近 100 万人的电子邮件列表，在创业圈可说是尽人皆知的品牌，还有一家数百万营收的公司。

当其他创业家忙着写文章时，他送出软件、课程、时间、建议、插件，不胜枚举。

◎ 如何成为施与者

在所有差异化策略中，我认为这一项的可行度最高。然而，即使在网络营销的圈子里，这个手法也相当少见，因为很少人能如此大方，毕竟许多人乐得付费取得那些实用资源，又何必直接拱手送人？因此，免费书籍、插件，加上大把时间，成为我们吸引群众的方式。

在相对传统的产业中，这类机会多得不得了。

观察一下你的产业现况如何。如果你的产业里遍寻不着底下这张列表列的项目，那就快上工吧！

我送东西不手软，但要记得就算是免费送出去的，对方也会预期你提供后续支持，而这些支持都需要钱。因此这笔钱要花得巧，还要确定后续经费充足。

你可以考虑赠送以下这些东西。记住，你的赠品对社群而言要有价值。

· “内容充实”（big content）的书。在亚马逊上送书，让我接触到全新的观众群，如果没有这么做，他们根本不会知道我或是 WP Curve。

· 组织完善的近距离互动。

· 对你的社群具实用价值的应用程序。

· 运用站内计算器或评分器，帮助社群成员。这些小工具做起来通常不贵，又可以引起兴趣。

· 提供 WordPress 插件或其他小软件。免费软件谁都爱！

· 贡献你的时间。设立问答时间或是在论坛中设立“随你问”讨论串，或是上广播节目。这些事情我每周会做 3~4 次，我运用行事历软件 Schedule Once（http://scheduleonce.com），让其他人直接在行事历上轻松预约我的时间。

· 可以帮助所有圈内人的产业手册。

· 针对实用议题推出电子邮件课程。

· 在 YouTube 或是 Udemy（https://www.udemy.com/）

等影音网站提供影音教学。

· 会议演讲：你可以演讲、赞助，或是挪出时间与人交谈。就是要更慷慨，比其他人给得更多。

做这些事情没有任何缺点，唯一的坏处是你会帮助到其他同业，也可能要烧钱或时间，但这些钱或时间是花在帮忙他人上的，而且最终很可能再回馈到你身上，这和把资源浪费在打广告上是不同的。

◎ 分析者

你的公司资料中，是否深藏着一些故事，有机会在全球掀起风潮？如果你的公司是像 OKCupid（http://www.okcupid.com/）这家交友公司一样，答案绝对是肯定的。

OKCupid 通过分析网站数据，得以固定在博客上发布热门文章，每每掀起讨论潮，让它最后能以 5 000 万元被并购。它所在的产业还是世界上竞争最激烈的产业之一，有不少颇负盛名却失败的公司。

收集并将原始资料做成报告，是建立内容营销策略的最佳手法之一。因为原始数据本身就具独特性，竞争者不可能（或是很难）和你用相同的数据做出报告。

内容营销机构每年编写年报，说明内容营销的现况。年报一推出，总会引起媒体关注，多家网站附上链接并讨论内容，一系列精美文宣与相关演讲整套推出，内容营销机构可以通过教育大众之名，光明正大地营销自家机构。

整理、制作报告时，有些公司采用的是平时就在搜集的数据，有些篇特别进行调查来创造独特的内容。

分析数据并提出报告经过各家尝试，已经成为一种内容营销方程式。只要可以分析的数据够多，你又有能力创造独特的内容，成功的机会就很大。

如果手边的资料不足，这种研究很适合找其他公司合作，或是可以针对一群意见领袖进行简单的调查。例如，Moz 每两年就会找来 100 名 SEO 专家，将他们的意见汇总成 Moz 排名因子报告书（Moz Ranking Factors Report, http://moz.com/search-ranking-factors）。

◎ 如何成为分析者

假设没有内部资料，又想实行这项策略，可以先进行基本的团队调查。以下我简单总结要怎么做。在写这本书的时候，WP Curve 内部就进行了创业内容营销调查（Startups Content Mraketing Survey），结果令人满意。

http://contentmachine.com/resources 上有几份我们的报告，供你参考。

· 调查工具可以用 TypeForm（http://www.typeform.com/）或 Google 窗体（http://www.google.com/forms/）来建立并且寄送问卷。我们选择 TypeForm，因为问卷好看又专业。

· 取得结果后，精心设计图表报告，进行总结。如果公司内部没有设计师，Google 工作表可以帮助你轻松制表。

· 在 SlideShare 简报分享平台上，分享结果摘要，并在自家网站上提供完整的 PDF 报告。

> · 写新闻稿，并且和对相关议题有兴趣的记者分享。
>
> · 用“点选到 Twitter”（Click to Tweet）的功能（http://clicktotweet. com），从问卷结果中挑出最有影响力的推文，并加入你的推文中。
>
> · 和其他关注相关议题的博客主联络，寄送报告，并附上他们能和观众分享的引言。记得把 SlideShare（http://www.slideshare.net/）的嵌入程序代码也寄给他们，让他们可以直接把你的报告内嵌到文章中。
>
> · 主动联系意见领袖，并询问他们对结果的看法，请他们分享报告。

资料收集和报告最酷的地方，就是对整体产业有利，因此很容易找到支持者。

如果可以为产业创造一些实用的内容，你应该针对每年推出的这类调查设计一套流程。

◎ 搞笑者

“乔布斯会怎么做？”Vooza（http://vooza.com/）的创办人马修·史提曼（Matt Stillman）如是说。他参加 2014 Next Web 会议（2014 Next Web Conference[1]）时，自信地在台上走动。

“你必须赶上年轻的乔布斯，”他顿了顿，接着说，“你该怎么做？”接着，投影片上出现简短的行动步骤。

> 1. 穿黑色套头高领毛衣。（那正是史提曼演讲当天的穿着）
> 2. 不要洗澡。
> 3. 尽量狂吸迷幻药 LSD。

如史提曼预期的，投影片引起全场哄堂大笑，他才继续往下说。

史提曼是个喜剧演员，他很清楚基本喜剧技巧，像是“三

① Next Web 会议是由 The Next Web 所举办的年会。The Next Web 是欧洲知名的博客，专门发布科技与网络发展相关信息。

的法则”：三个一组的内容最好笑。

史提曼经营的 Vooza 是一家假新创。Vooza 一开始就号称是“音乐播放器 Spotify 和同志交友平台 Grinder 的结合，还要加上租车生意”。现在，则转而自称业务是“窃取手机数据的行动网络应用程序，专门卖给东欧的垃圾邮件发送者”。

Vooza 刚成立时，推出一系列影片介绍（假）产品，这些影片引起创业圈关注，但大家都摸不着头绪。最后，Vooza 正式宣布他们的实际业务是：为新创公司拍影片，专做原生广告。

Vooza 的团队成员是群专业脱口秀艺人，彻底将构想付诸实践。

◎ 如何成为搞笑者

我挣扎了许久，一直犹豫要不要把这一个差异点写进书里，因为除了喜剧演员以外，一般人往往不太会搞笑。最后，我还是决定要写，因为就算你只记下下列技巧中的一个，让内容好笑那么一点，那么你就算有所收获。这就是幽默感的惊人力量。

即使你不想把搞笑当成重点，在既有的内容之上，加点笑料，对于吸引关注很有帮助。玛丽·弗里奥（Marie Forleo, http://

www.marieforleo.com/）就做得很好。她用有趣、古怪的方式传达严肃的信息，借此建立了商业教育王国。

你不可能（也不应该）像变魔术似的，硬把自己变成另一个傅莱奥，然而，你一定有办法用自己的风格搞笑，而只要做到这一点，可能就足以让你成为突出的那个人。

那么，你有办法通过训练让自己更搞笑吗？

喜剧演员戴维·尼荷（David Nihil）在他的书《你讲话好笑吗？七招让你化身更好（笑）的演讲者》［*Do You Talk Funny: 7 Comedy Habits to Become a Better (and Funnier) Public Speaker*］中，给了肯定的回答。

尼荷一开始和你我一样害怕公开发言，但经过一年的尝试，他顺利化身为专业的脱口秀喜剧演员。现在，他开了一家新创公司 FunnyBizz（http://funnybizz.co/），帮助企业善用幽默感创作内容，他们公司甚至提供重写文章、增添笑料的服务。

依据尼荷的说法，大部分脱口秀喜剧演员并不是天生就会搞笑，而是擅长运用一种有架构可寻的技能。

先前提到史提曼所使用的“三的法则”，就是其中一个例子。

喜剧演员们常用一些技巧来制造笑料，只要用上几个小诀窍，就能让你无聊的内容脱胎换骨，摇身一变，成为让人想参与、分享的出众内容。

以下是尼荷提供的几个技巧：

> 1. 讲出引人共鸣的故事。先说个面向广、群众特别有感的点（像是与当地相关的梗），再把焦点转回自己的故事。
>
> 2. 设定场景。写作时，想象你在形容某个东西给盲人听，要讲得巨细靡遗。
>
> 3. 使用情绪性或好笑的词汇，例如，奇怪、疯狂或神经，并且要充满热情。“小裤裤”就比“内裤”好笑 15%，如果是英文的文章，含有字母 K 的词总是比较好笑。
>
> 4. 用现在式：“我走着走着，就看见……”而不是“我在走路的时候看见了……”
>
> 5. 善用“三的法则”创作令人印象深刻的内容。先用前两个项目创造紧张与惊喜的效果，最后再提出出人意料的第三个重点。
>
> 6. 前后呼应，一气呵成。

尼荷认为，展现幽默感最安全的做法，就是讲自己的故事，因为必然具有原创性，容易练习，而且能修到完美。好故事经常来自看似无趣的主题，当你开口讲故事，就会发现真的有它的效果，就算没有成功地让人发笑，也会使人印象深刻。

我的朋友凯文·罗杰斯（Kevin Rogers）之前也是喜剧演员，现在则是世界知名的文案写手。他针对如何写出让人发笑的故事，提出明确的架构：

> 1. 身份设定：你是谁，设定场景，你和谁在一起，感觉如何？
>
> 2. 挫折：你遇到了什么困难？
>
> 3. 发现：有什么惊人的发现？
>
> 4. 惊喜：是否有出人意料的转折？

喜剧演员讲故事或笑话的时候，都是用这个架构，关键是惊喜，或者说重塑别人预期你要讲的话。

身为内容营销人员，你需要经常说故事，就算只采用这些技巧中的几点，也足以让你脱颖而出。

罗杰斯的免费著作《60 秒销售术》（*60-Second Sales Hook*, http://60secondsaleshook.com），很适合当成入门书，再深入研究。

◎ 开创者

2008 年 10 月，弗林宣布他每个月都要写一篇文章，报告网络营销的成果，带来多少营收。

现在，营收透明公开已蔚为风潮，但在 2008 年，弗林的做法十分罕见，当时网络营销领域还有许多欺瞒之事，而弗林的承诺开创了透明化的新纪元。

弗林架设网站 Smart Passive Income（http://smartpassiveincome.com），开始每个月分享自己多方努力的成果。弗林第一个月成功通过几个不同渠道，赚取 7 900 元，开站一周前才丢了工作的弗林，形容这是“非常成功的一个月”，并且希望自己能保持这个收入水平，就不用再另觅他路。

创立后一年，弗林成为网络营销圈内家喻户晓的名字。他的营收动辄是 2008 年 10 月的 10 倍，而他用营收报告所打造的网站平台，每年吸引数百万人次浏览。现在，弗林是国际知名的演说家、作家、软件创业家，以及网络名人。如他所愿，他不需要再找工作。

弗林做的事并不特别，重点是他开始做的时间。时至今日，在网络上公布营收是多家后起新创惯用的手法，WP Curve 也定期公布月营收，并且是我们每个月最热门的文章之一。Buffer 每年营收 400 万元，在网络实时更新业务指南、员工薪资、投资数据，还有各式各样你想得到的信息。

在 2008 年，这些做法非常创新，而弗林是个开创者。

每一股内容营销的潮流，总是由某间公司身先士卒，推动持续数年的风潮。

· 针对每篇博文提供可下载资源：Hubspot（目前市值 10 亿元）。

· 自动提供内容延伸信息：Infusionsoft（估值 5 亿元）。

· 将最好的内容与文案结合：CopyBlogger（延伸出 Synthesis 和 Rainmaker 等营收数百万的企业）。

· 通过广告营利的商业性博客：杰森 · 卡拉肯尼（Jason Calacanis）创立 Weblogs 公司（以 3 000 万元被收购）。

要当第一人不容易，但如果你能做到，就能为公司建立厚实基础。

事后诸葛谁都会，你大可以说这些人显然懂得洞烛先机，但要在当代成为那个开创者，非常困难。彼得 · 蒂尔（Peter

Thiel）在他的书《从 0 到 1》中，提出了一个架构，指引你如何做。

《从 0 到 1》虽然是针对创业，但核心价值其实是提供一个架构，帮助你颠覆。只要问一个简单的问题：“有什么是你深信，多数人却不信的？”这让你站在反对立场。

弗林相信，相较于分享秘密而失去的，通过分享营收数字，他能为公司创造更大的价值。

他的信仰也就是这本书要传达的核心理念——对内容营销深信不疑。

是的，就像帕提尔说的，当你为了某种报酬而送出过多的服务或产品，必然会有所损失，但如果你能成功运作，收获就十分可观。

如果你无法回答前几段蒂尔在《从 0 到 1》中所提到的问题，那么可以看看书中这段话：“如果你想创造并汲取可长可久的价值，就不要建立一家毫无特色的大众商品公司。”

换言之，跳进一个高度竞争的竞技场（像是网络内容），并创作和其他人相同的内容，这样还不够，你必须有独特性。因此，不妨分析一下你的内容，并和其他公开的内容比较。有多少人正创作和你一样的内容？如果其他人都在做，为什么要关注你？

不是每个人都适合当开创者。即使像弗林这样的创业家，已经为我开好路，我依然因为公布月报而受到许多批评，但如果你做决定的时候，心中抱持强烈的信仰（那份信仰是你接受、别人却不接受的），就能应对各种冲击。

不管你是否把自己看成是开创者，都应该要有基本的信仰来支撑你的企业和内容，这样才能让你异军突起、鹤立鸡群。

◎ 投机者

“新闻劫持”（newsjacking）是戴维·米尔曼·斯科特（David Meerman Scott）所创的词，意指借用某人的新闻故事，注入自己的观点与想法，乘势而起。这是记者的惯用手法，他们有时会针对同一件事情连写五六篇相关文章，而只稍微改一些切入角度，因为他们知道这个故事已经是目光焦点。

我们使用内容乘数架构的时候，也用到类似的技巧：善用已经成功的内容，再加工。唯一的差别是，我们不是直接拿来用，应该说是“借”吧！

投机者就是这么做，他们会观察现在外界的焦点，并且依据该主题创作，如果能用独特的方式创作更好。

《福布斯》（*Forbes*）杂志网络专栏作家爱莉莎·朵沙特（Elisa

Doucette）写作 *Shattering Glass* 专栏（http://www.forbes.com/sites/elisadoucette/）时，经常用这种方式选题。

2014 年 11 月，她通过 Twitter 关注时下趋势，发现一篇蛮有趣的新闻。由于她当时正在提案，准备写一本关于羞耻与批判的书，因此，当她看到网民在美国白宫年度赦免火鸡仪式①上（别怀疑，美国人真的有这仪式），美国总统奥巴马的女儿们遭受网络霸凌时，有一肚子的话想说。

她的文章[2]在 24 小时内，浏览人次就突破 50 万，让她成为这个领域的权威，登上 Sirius 新闻广播和 Huffington Post 电视台等媒体。

不到 6 个月，纽约的经纪商和出版社就找上门，和朵沙特讨论她的新书提案，其实在那篇文章大受欢迎之前，提案内容只是个未成形的点子。朵沙特身为编辑，每天都针对各种内容写回馈和评论，因此也能通过对一个热门故事发表特殊看法，发挥极大的影响力。

只要跟上潮流就能获得大量关注，因此，你应该想想这个策略合不合用。

① 美国总统“赦免火鸡”行之有年，每年会由“全国火鸡协会”选出两只火鸡，在大众票选命名后，交由总统进行赦免仪式。

◎ 如何成为投机者

这一招任何一个企业主只要够了解自己的观众群，就能采用。如果你很清楚观众群是谁、在乎什么，就不难找到相关主题。

以下提供几项你实际可进行的方式：

○ Google AdWords 关键词规划工具

1. 请上 Google AdWords 关键词规划工具网站（https://adwords.google.com/ko/KeywordPlanner/）。

2. 输入一些可以用来形容你正准备创作内容的关键词。举例来说，如果我在写关于澳大利亚酿酒厂 Black Hops Brewing 的文章，可以输入“精酿啤酒”（Craft Beer）。

3. 点选“取得提案”（Get ideas）。

4. 点选“关键词提案”（Keyword Ideas），浏览各个关键词提案。

5. 利用左边的“关键词筛选”（Keyword Filters），让它只显示搜寻次数在特定范围内的关键词。如果是新网站，我通常会找搜寻次数在 200~500 之间的关键词；如果网站已经站得稳一点了，就可以找搜寻次数比较高的。以我上面提到的例子为例，有些关键词搜寻次数在 1 000~2 000 之间，像是“酿酒设备”“自酿啤酒食谱”“最佳精酿啤酒”，以及“精酿啤酒嘉年华”。某些内容很适合从这些关键词延伸。

在创作内容时用上这些关键词，并不保证其他人在 Google 搜寻该关键词时，会先看到你的内容，但关键词至少让你知道大家关心哪些主题。

○ Google 搜寻趋势

Google 搜寻趋势（http://google.com/trends/）适合用在你已经大概有底、知道要搜寻什么的时候，让你迅速找出时下热门议题。

举例而言，我们想好要写一篇关于如何酿制某种啤酒的文章，就可以来看一下不同啤酒类型的分析。我已经知道了主要类型，所以就直接把这些类型输入 Google 搜寻趋势，看看结果如何。

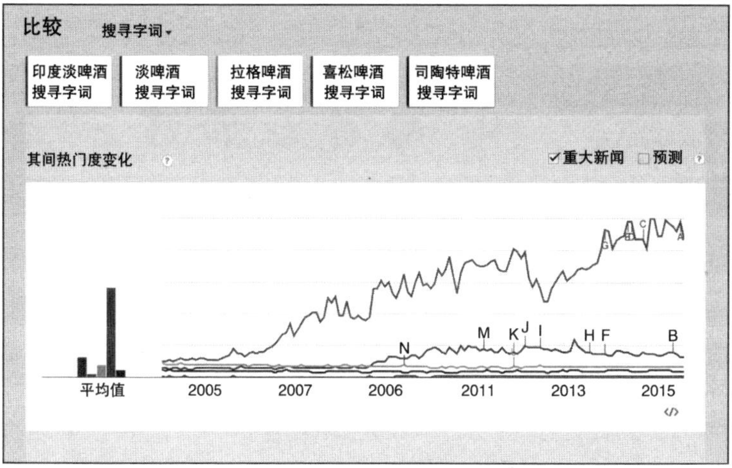

看完这张表后，我决定要写一篇如何酿制喜松啤酒（Saison）的文章，因为它的热门度逐渐攀升，如果你看到的趋势线更陡峭，上升时间更近，那更好。

○ BuzzSumo

BuzzSumo（http://buzzsumo.com/）是另一项搜寻产业内热门内容的好工具。

只要输入主题，它就会显示你的产业中表现好的所有贴文。

再来看看精酿啤酒的例子，结果如下：

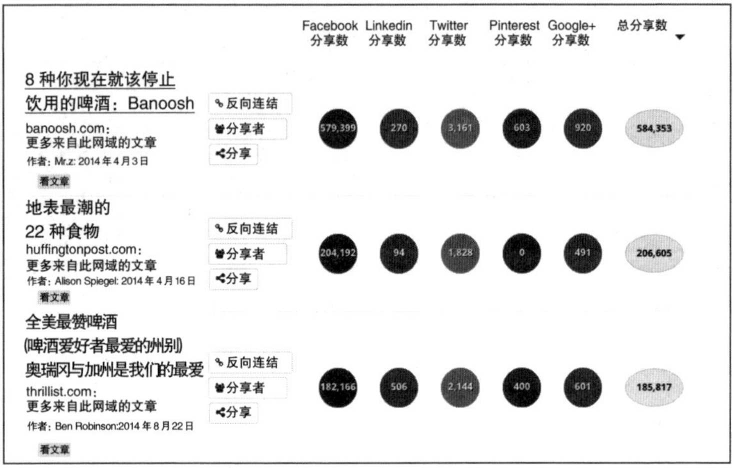

你可以从上面的内容挖到很多宝，最简单的做法就是将它们的构想套用到你所在的地区。像 Black Hops Brewing 经营范围只在澳大利亚本土，我就可以写以下主题：

1. 六种你应该立刻停止饮用的澳大利亚啤酒。
2. 澳大利亚最潮的 12 家酿酒厂。
3. 精选 2015 年澳大利亚精酿啤酒之最。
4. 维多利亚啤酒 VB 销售下滑，澳大利亚人变心爱精酿（假设这是真的）。

◎ 竞争者分析

另一种搭顺风车的方式，是向竞争者借点子。一般而言，我不会找直接竞争的对象，而是找相关产业中的公司。

像是我找到红酒产业中，澳大利亚最有名的两个红酒博客：

1. Vinomofo（http://vinomofo.com/content/articles）
2. The Wine Wankers（http://thewinewankers.com.au/）

从这两个博客中，我可以找到效果非常好或是有趣的内容。找热门文章有两种方法。

第一，逛一下博客，看他们有没有用什么方式标明热门文章，很多博客都会在侧边栏放上热门文章列表。像我刚刚提到的The Wine Wankers就在侧边栏放上“热门趋势”（The Trendy Stuff），我可以用这个功能找到各种有趣的文章，并直接应用到精酿啤酒上。热门趋势中的第一篇是“红酒信息图表精选”，里面有许多与红酒产业相关的信息图表，我们可以轻而易举地把这种做法套用到啤酒上。

第二种做法，可以看看 BuzzSumo 上排行最佳的文章。我在研究 Vinomofo 的时候，看到不少有趣的文章。

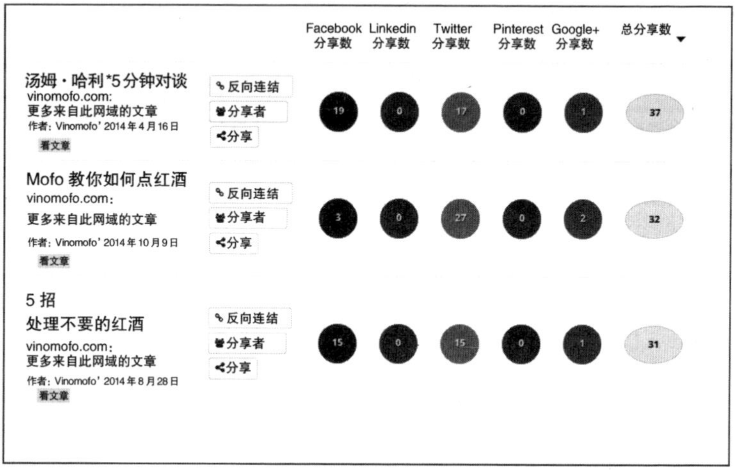

图注：汤姆·哈利（Tom Harley）是澳大利亚足球明星。

后面两篇文章《Mofo 教你如何点红酒》（*The Mofo Guide to Ordering Wine*）和《5 招处理不要的红酒》（*5 Things To Do With Unwanted Wines*）特别吸引我。写篇文章教人怎么点啤酒还蛮好笑的，毕竟澳大利亚的精酿啤酒产业才刚起步，光是说点啤酒是个艰难的决定，就会引起观众对文章的兴趣。

《5 招处理不要的红酒》也颇有娱乐效果，是篇标准的网络媒体 BuzzFeed 会放的例文。我们也可以应用到啤酒上，十之八九没人做过，例如说：“倒进百威啤酒（Budweiser）的瓶子里，再送给你那些不在乎啤酒精致度的朋友。”

◎ 劫取资源

最后一种时下正热的创作方式，是利用大公司的资源。BuzzFeed 就是最好的例子。

在我写这本书的时候，BuzzFeed 已经是一家价值近 10 亿美元的公司，员工超过 700 人，每个月吸引 1.5 亿名特定访客（unique visitors）。[①]

像这样的公司非常了解内容。他们有足够的人分割测试标题、了解所有脉动，在发现趋势的几分钟内，就能迅速创作出足以影响大众的内容。

所以，何不善用他们拥有的资源，并向他们学习？检视目前大受欢迎的内容，看看要怎么用到自己的内容上。观察他们下什么标题、采用哪些传播媒介等，所谓“他们”，可以是你的直接竞争者、你所景仰的公司，或是像 BuzzFeed 这样的大媒体。

① 不管是谁，只要浏览就算造访次数，但访客不管到站几次，都只算一名特定访客。

只要规模比你大，经验和钱比你多，总会透露出他们花了这些钱学到了些什么。

BuzzFeed 的文章分类广泛，以食物为例，这个分类底下最热门的几篇文章，让我为精酿啤酒的公司想到一大堆内容构想。

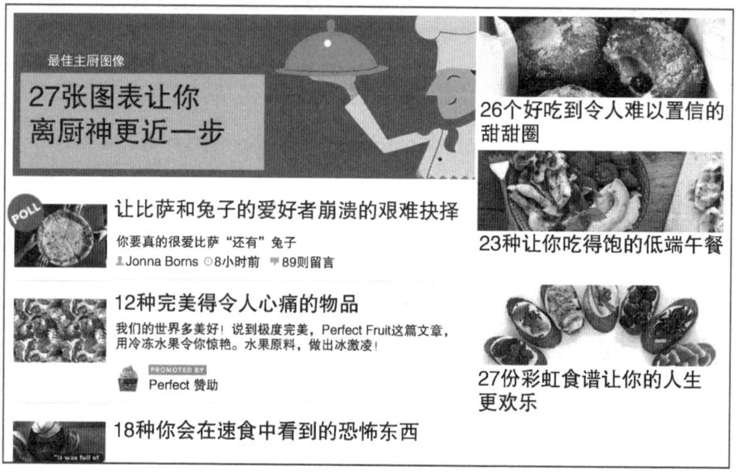

不如来写：

- 完美到让你心痛的 12 种啤酒。
- 关于主流大厂的啤酒，你应该知道的 18 个恐怖事实。

> ·12 支好到疯狂的精酿啤酒（介绍一些狂野的啤酒，像是 *Brew Dogs*[①] 电视节目上提到的）。

光是靠这些点子，我们的博客看起来就有声有色了！

◎ 报道者

讲到记者和新创，我第一个想到的就是卡拉肯尼。在网络时代初期，他在纽约创办了一本纸质杂志：《硅谷巷弄报道者》（*Silicon Alley Reporter*）。

到了 20 世纪 90 年代，博客开始兴起，卡拉肯尼雇用了全世界最强的内容创作者，一起打造新闻博客网络，名为 Weblogs 公司（Weblogs Inc.）。网络内包含 Engadget 和 Autoblog 等知名博客，最后美国在线（AOL）以约 3 000 万美元并购 Weblogs 公司。卡拉肯尼没有因此而满足，公司被并购后，他又做了一系列项目，全都以独特方式报道新闻为主轴。

① *Brew Dogs* 是热门电视节目，主持人走访美国各个啤酒小镇，品尝当地手工酿造的啤酒。

· *This Week in Startups*（http://thisweekinstartups./com/）是针对科技新闻与创业议题的广播节目中，最新颖且备受推崇的节目之一。卡拉肯尼亲自和他的获奖团队携手主持节目，每年赚进 50 万元广告收入。在各集新闻回顾节目中，他邀请记者和创业家探讨本周的科技与创业相关新闻。

· The Launch Ticker 以电子邮件汇整创业圈的新闻，并搭配业界重量级人物的评论。

· Inside（http://inside.com）这个应用程序，则汇总全世界的新闻摘要，你可以投下同意票、留言或分享故事，每个动作都会影响其他人在程序上看到的内容。

· 卡拉肯尼每周写电子邮件，并定期在网站上发布内容，通常是对产业内新闻的评论。

· 卡拉肯尼开创并主持世界最大的创业会议 Launch Festival 科技创业大会（http://www.launchfestival.com/），介绍新创团队。

卡拉肯尼一直对报道新闻并发表评论充满热情，而身为创业家，他总是会随时间调整执行的方式。他很清楚新闻一定不能失去趣味性，并且不断寻求创新的报道与将新闻化成收入。

◎ 如何成为报道者

先问个问题：你有办法用其他人还没用过的方式报道业内新闻吗？或许一般的新闻无趣乏味，甚至没人报道，又或者你有独特之处，例如，风格或报道形式。

身为企业主，你可以选择多种方式报道产业内的新闻。

以下是几个参考做法：

· 广播：找其他的业内专家 Skype，讨论产业现况。用专为 Skype 设计的电话答录系统 Pamela（http://www.pamela.biz/），或是 Ecamm Call Recorder 录音软件（http://www.ecamm.com/mac/callrecorder/），录下对话并发表到博客上，将消息源（feed）上传至 iTunes。我在 http://contentmachine.com/resources 上放上广播节目指南，相信对你会有所帮助。

· 影片：跟广播一样，但改用 Google Hangouts（http://

www.google.com/hangouts）或 YouTube 直播（YouTube Live, https://www.youtube.com/），并将影片上传至 YouTube。

·回顾文：回顾文的目的是总结其他人对某件事情的评论。这类文章很适合套用到新闻上。浏览业内最热门的新闻网站，并为你的观众摘述最热门的故事。

·发布观点文：如果你对某件时下正热的议题有强烈看法，请写下观点并发表。Medium[①]（http://medium.com）是很好的发表平台，适合发布高质量且原创的内容。

·电子邮件：每周寄送电子邮件，总结产业新闻。

·发表原创性的报道：这一点要执行大概不容易，但做得好的话，原创性的报道一定可以获得大量关注。

◎ 艺术家

这年头，随处都能看到视觉图像在网络内容中的深厚影响力。

① Medium 是 Twitter 共同创办人埃文·威廉姆斯（Evan Williams）2012 年创立的博客发布平台，界面与社群媒体类似，只是发表的是博文。

1. Facebook 上，图像获得的点赞数比文字贴文多 54%。

2. Twitter 上的照片转推次数远高于文字（一份报告说高出 35%，另一份则认为高出 150%）。

3. 以图像为主的社群媒体 Tumblr、Pinterest 和 Instagram，是世界上成长最快的社群平台（成长速度比 Twitter、Facebook 和 LinkedIn 快）。

事实就是，人人都爱图像。问题是，如果你不是设计师，就很难创作出高质量图像。因此，大部分人图像都制作不好，这就造就了你的机会。

澳大利亚护肤品牌 Frank Body（http://frankbody.com）成功运用图像，从无到有，打造了数百万营收的公司。好吧！也不能说从“无”到有，他们用的是没用过的、回收后的咖啡豆。

2013 年初，一名寻常的客人走进墨尔本的咖啡店，希望能要一些咖啡渣来去角质。咖啡店老板史帝夫·罗立（Steve Rowley）就这样看见了商机，这整个过程多么理所当然，谁都看得见，对吧？

罗立找来他的伙伴布里·强森（Bree Johnson），以及强森在营销公司 Willow and Blake（http://willowandblake.com）的同事艾瑞卡·格瑞特（Erika Geraerts）与洁丝·海蒂丝（Jess Hatzis）谈谈，他们决定上网看看咖啡磨砂膏的供给状况。除了 DIY 教学外，没有任何商业营销（例如产品营销），特别是没有视觉营销。过去，他们在其他产业通过在 Instagram 上的视觉营销获得惊人成果。

于是，罗立找朋友艾力克斯·波法（Alex Boffa）帮忙，一行人到巴厘岛旅游，在当地的 SPA 体验咖啡磨砂膏。进一步研究后，他们发现新鲜的咖啡渣才能确保咖啡因的含量，而咖啡渣的潜在功能包括改善肤质、解决粉刺、橘皮组织、牛皮癣、妊娠纹等问题。

游乐行程很快催生了快速成长的公司，经过四个月的产品开发流程，测试各种油品和相应的去角质用品，他们终于做出了第一代磨砂膏。通过品牌公司 For The Love And Money（http://fortheloveandmoney.com）的协助，创立了 Frank Body Scrub 产品与品牌。

他们在 Instagram（http://instagram.com/frank_bod）上创立账号，并且推广标签 #thefrankeffect，世界各地的顾客开始分享他们的照片。

他们之所以能做到，是通过积极社群媒体营销和公关活动，善用了博主与 Instagram 的特性，在各个网络分享自家产品。

在我写这本书的时候，Frank Body 创立未满两年，他们的账户已经有超过 60 万名追踪者，产品销到全球数千客户的手中，2015 年营收可望超过 2 000 万元。[3]

这是个惊人的故事，也是个难以复制的爆红故事，但它确实展现了在现代社群平台上，视觉营销的强大力量。淋浴中的女人全身覆满咖啡渣的照片，是一种内容营销，而且显然是超级有效的内容营销。

◎ 如何成为艺术家

善用图像的力量可能是在既有内容中加一些图片，或是重新创作新的、充满图像的内容。

以下提供 11 种方法，让你为图像内容升级。

1. 屏幕截图

如果你经营的是软件相关的公司，屏幕截图超容易拿来为你的内容添加视觉元素。Skitch（https://evernote.com/skitch/）和 Jing（http://techsmith.com/jing.html）都很适合用来制作屏幕截图。

2. 图表

大家都爱图表，而且只要用 Google 文件这类的工具，就能轻松、免费设计精巧又有趣的图表。我们每个月公布月报，或是我平时去演讲，都经常采用这些工具。流程图也很适合用来呈现各种想法，Lucidchart（http://lucidchart.com）这时候就能派上用场。

3. 分享投影片

SlideShare（http://slideshare.net）提供用户上传视觉简报，是个值得你了解的网站。SlideShare 有自家访客，因此你可以通过它接触新客群，也可以将 SlideShare 的内容内嵌到自己的网站中，让文章看起来更丰富。这也是让你将内容包装再出版的方法。挑选你写过或说过的内容，重新做成 PowerPoint 投影片，再上传到 SlideShare。

盖瑞·范纳洽（Gary Vaynerchuk）在 SlideShare 上放了很多很棒的投影片，可以作为参考（http://www.slideshare.net/vaynerchuk/）。但 SlideShare 没有音频，所以好的 SlideShare 简报文字量要适当，再配上让人印象深刻的图像，使读者了解投影片的情境，他们才愿意继续看下去。

4. 定制化插图

定制化插图让你的内容可以显得出众。经费充裕的出版业者（像报社），都会推出这类插图，但一般公司做不到。

因此文章的主要图像或关键元素，可以采用定制图像，Help Scout(http://www.helpscout.net/blog/)以及 Groove(https://www.groovehq.com/blog) 都是很好的例子。这两个博客都在茫茫人海中脱颖而出，因为它们“看起来”就独树一帜。

5. 屏幕画面分享和影片课程

如果你的内容包含教育元素，屏幕画面分享和影片都很适合用在教学上。网络教学平台，如 Udemy (https://www.udemy.com/) 和 Coursera (https://www.coursera.org/) 都呈爆炸性成长，技术也不再是问题。

要做出好看的屏幕画面分享影片，只需要一个用 USB 接计算机的耳机麦克风组，以及 Camtasia (http://techsmith.com/camtasia.html) 或 ScreenFlow (http://telestream.net/screenflow/overview.htm) 这类屏幕截图软件。影片做起来比较困难，但如果做得好，

可以帮助你进一步提高权威性。

想把网络影片做好，可以参考 Marie Forleo（http://marieforleo.com），会受到不少启发。

6. 视觉社群应用程序

新兴的视觉社群平台，像是以 GIF 图像为主的 Vine（https://vine.co/）、直播平台 Periscope（https://www.periscope.tv/）与以图片为主的 Instagram（https://instagram.com/），都为想创作优质内容吸引群众的创作者提供了大好机会。

在这些平台上，可以看到很多例子，像是 Frank Body 就先打造了巨大的社群，再用社群来创立好公司。影片的受欢迎程度，在 Facebook 和 Twitter 上也呈爆炸性成长。

这些平台或许不适合每一个人，但只要用得巧，成果就会极为丰硕。

7. 信息图表

信息图表让你比传统内容占优势。一方面，很少人做得好，所以只要你做到了，就会成为突出的那一个。你也可以把信息图表放在针对图像的平台，像是 Pinterest，让信息触及新的观众群。另一方面，你等同于创作了可内嵌的资源，他人可以直接内嵌或是提供链接让人链回你的网站，如此一来就为你的内容创造更多曝光度，也有更多人会从外部连到你的网站。

制作信息图表有 3 种主要方式：

（1）用信息图表工具，像是 Visme（http://visme.co/）或 Piktochart（http://piktochart.com/）。

（2）如果你具备一定程度的图像编辑能力，可以从 Theme-Forest（http://themeforest.net）这样的网站购买信息图表元素，再进行定制化，做出自己的信息图表。

（3）花钱请设计师帮你做定制化的信息图表，在 99Designs（http://99Designs.com）可以找到平价设计师。如果要找更厉害的设计师，则可以上 Crew（https://crew.co/）。

8. 名言搭配社群图像

另一个为内容加上图像元素的做法也很简单，就是创作可供引用的社群媒体图像。Canva（http://canva.com）这个免费工具很棒，让你不需要太强大的绘图能力，也可以制作出社群媒体图像。这些图像可以用来精进既有内容，或是独立在 Facebook、Pinterest、Instagram 等社群媒体上发布。你甚至可以直接用手机就制作出好看的社群媒体引言图像，只要安装像 WordSwag（http://wordswag.co）这样的软件即可。

以下提供几种简单的做法：

- 建立个人图像。采用自己的照片搭配你说过的话。
- 引述某位来宾或作家的话。如果你曾邀请某个人来上广播节目或是在文章中提到他们，这招很适合。
- 问问题。你的内容回答了哪些问题？用图像来问问题，让访客了解你所解决的问题，或是开启对话。
- 呈现数据。如果文章中有些你想强调的数据，可以搭配有趣的图片制作成图像。
- 如果你想发布一篇一般的引言，先把那些文字输入 Pinterest，看看有哪些图像。有些人会转贴其他人的图片，不过通常会重新包装那些引言，并确保提到了原创者。

9. 流行语

流行语（memes）和引言式社群图像有些微差异，而且有可能受到大量转载。流行语通常好笑、讽刺，要善用流行文化。

BuzzFeed 的文章往往大量运用这些时事梗，笑料十足，读者可以快速浏览就抓到重点。

Meme Generator（http://memegenerator.net）是众多让你抓住热门梗并加上自己文字的网站与应用程序之一，但要确定这个图片适合你的观众群。

记得要确认你真的懂这个梗，并且放在对的框架底下。只要有人把梗用错地方，就会引来多方挞伐，让你显得落伍、与时代脱节。

10. 动画 GIF

动画 GIF 和自动播放的影片是现在的一大潮流，GIF 现在经常出现在各大网站，像是用来解释怎么用某个软件。

GifGrabber（http://www.gifgrabber.com/）这个工具，可以轻松将多个教授软件使用方式的动画 GIF 放在一起。

BuzzFeed（http://buzzfeed.com）在很多文章中都会放上好笑的动画 GIF。像是 Instagram、Facebook 这些社群媒体，现在也都会自动播放影片（但没有声音）。就算你不喜欢这个做法，我也敢说你在 Facebook 上看的影片数比过去总数还多。

我们应用动画 GIF 的方式非常简单，就是用动画图表来呈现月报表。这会让我们的报告看起来更有趣，而且可以做成影片放上 Facebook，让大众直接在 Facebook 上浏览我们的成长趋势图。

11. 互动图表

加上互动成分会让你更容易抓住观众的心，他们很可能因为喜欢这种互动性而愿意留下来好好看内容。

互动性内容的典范之一，就是马修·丹尼尔斯（Matthew Daniels）绘制的饶舌单字表（Rapper Vocab chart）。[4]这张图表计算了时下主要嘻哈歌手使用各个单字的次数，并且画成图表。你可以移动鼠标来看歌手的名字，互动性十足。2014 年，这张图表大获关注，到目前为止，已经在 Facebook 上获得近 50 万个赞、留言和分享。[5][6][7]

◎ 你要如何差异化

我希望看完本章后，你已经有点想法，知道要如何在竞争者中脱颖而出。或许你会采用其中一项策略，也许会结合多种做法，也有可能自己想出其他策略。又或者想多试几种，看看哪些方法比较能吸引人潮。

不管你的决定如何，都不要忘记差异化这件事。差异化可以让你从好几年乏人问津，摇身一变，成为家喻户晓的人物。

你已经对内容营销有了基本的认识，也准备好内容构想、策略，以及差异点。

现在要来打造一个内容营销机制，创造可以规模化的系统来创作、管理，并通过对内容营销投入更多心力，推动公司成长。

在下一章中，我们将帮助你建立内容营销机制。

V 扩大规模：建立内容营销机制

Chapter 5 · Scale：Building the Machine

你已经大大进步啰！光是了解内容营销的基本概念，你就已经赢在起跑点，领先竞争者好几里路了。专注于创作高质量内容，让你成为值得追踪的专家，而找到差异点，则让你获得关注。

最后一步，就是要靠这些内容打造公司，接着发展并延续长期策略。我将之称为“建立机制”。

◎ 设计与转换

如果你要将内容营销当成公司的重要策略，设计与转换率就至关重要。你做的每件事都会受设计影响，但如果设计出了问题，你完全不会发现，因为分析报表上不会呈现，其他人也不会告诉你，他们只会认为你不合格或不够认真。

如果你的公司已经站稳脚跟，请不要低估设计的重要性，雇用设计师或付钱找优质的设计公司，以确保你所有的内容都经过精心设计。

如果你才刚起步，请谨记我的7项法则，一开始就做好设计：

> 1. 帮网站选一个好的布景主题，不要多做修改。
>
> 2. 移除所有非必要的东西。
>
> 3. 网格线与留白都要对称。
>
> 4. 仔细检查，小至像素层次（再小的细节都很重要，差一个像素就可能让访客对你的网站“感觉不对”）。
>
> 5. 以最好的网站为标准，但绝不要抄袭。
>
> 6. 没办法设计好的企业标志（logo），不如不要。
>
> 7. 你不是设计师，Facebook上的脸友也不是，寻求设计建议请找专家。

你的网站也应该以高转换率为目标，这和设计息息相关。一个设计良好的网站，意味着网站好看、会吸引目标客群，而且能提高转换率。

大部分的人都认为转换这件事很容易测量，但我不这么想。你可以测出有多少人选择点进你积极推销的弹跳窗口，但没办法计算有多少人不信任你，因为你什么都还没给，就先伸手拿东西。

如果你专注在质量、设计良好的品牌和信任，长时间努力就能把访客变成顾客，但如果时机还没成熟，就急着用些积极的手段，像是不断跳出弹跳窗口或在访客离开页面时跳出信息，那么就算分析数据中的转换数可能有所成长，还是破坏了品牌长远的形象。

接下来，我要介绍 3 种创造转换漏斗（conversion funnel）的方法。

◎ 定义你的漏斗

我已经数度提醒，希望你把自己视为内容营销人员，而不是博主，因为这一点真的至关重要。营销人员需要一个漏斗，将社群中广大的成员逐渐筛选到一个小客群。换言之，一个人要怎么从博客读者，变成你的客户，购买商品或服务？这就是把生财逻辑付诸实践的时刻。

你设计漏斗的方式，会从各方面影响你的内容。

没有什么“人人适用”的做法，但我提出 3 种热门且有效的选项：

1. 电子邮件漏斗。
2. 产品漏斗。
3. 内容漏斗。

○电子邮件漏斗

Quick Sprout（http://quicksprout.com）创办人帕提尔创作了很多优质的内容，但他非常忙碌，又只身奋战，所以一个礼拜写2~3 篇文章就不错了，因此，他选择力推电子邮件注册。

他用弹跳窗口覆盖整个网站，强迫你点选“不，我不想要增加流量”关闭窗口，侧边栏有注册字段，文章中间也夹杂注册栏，在你试图离开页面时，还会再看到一次自动跳出的注册窗口。

一般而言，当网站如此积极地拉你注册电子邮件时，写电子邮件也会一样直接。你一注册，就会定期收到信（有时候每天，甚至更频繁），不只提供更多好内容，还试图引诱你下单。

这是一种把访客转成顾客的方式，而帕提尔做得非常好。

如果你想看看这种策略，SumoMe（http://sumome.com）、OptimizePress（http://www.optimizepress.com）和LeadPages（http://leadpages.net）都是建立电子邮件注册窗口的好工具。

○产品漏斗

产品漏斗的意思是网站上的行动呼吁，就是“请对方使用你的产品”，此处没有电子邮件注册字段，访客如果对内容有兴趣，只能到主页面注册服务。

这通常是一般人预设的做法。刚开好博客，就在侧边字段放满产品信息，网页上方则是标准的业务选单。但这么做往往不对，因为内容营销是为其他人创造价值，如果你只在乎自己就很难达成此目标。

不过，产品漏斗还是可行的。像是送免费软件或工具就很成功，因为大家很喜欢为这些赠品注册，而你也可以在他们注册时建立电子邮件名单。

Buffer（https://blog.bufferapp.com/）就做得很好，它们的网站上方放着大大的图示让访客用 Facebook 或 Twitter 账户登入，网站下方还有个跟着滚动条跑的小框框，询问你要不要“规划你的第一篇贴文”（Schedule your first post），即使用户不注册电子邮件，也一样可以取得免费文件或资源。只在网页最下方附上简单的提醒：“用 Buffer 节省你花在社群媒体上的时间，现在就排程、规划第一篇贴文！”

Buffer 的内容本身也做得很好。产品漏斗做得好，就能让产品与内容紧密结合，也可以让顾客帮你创造内容，像是分享个案、产品试用示范等。只要是好内容，就可以自然而然地提到产品，也不会让人觉得在推销，Buffer 有个很大的内容团队在专职处理这些事。

Buffer 的客群非常大，可以说是为所有使用社群媒体的企业主提供服务。这也意味着，他们的每一位博客读者都是潜在客户，让产品漏斗得以顺利运作。

注册应用程序后，你还会收到一系列内容详尽的电子邮件，但这跟一般直接的电子邮件漏斗不同。

Buffer 这么做能成功的关键在于适用产品的群体大，而且注册过程很平顺（像是提供免费软件服务），这种做法对多数人而言并不适用。

○内容漏斗

我个人最喜欢内容漏斗，它的最终目标是建立电子邮件名单，但相较于拉更多人注册，它侧重的是内容和品牌经营。内容漏斗的设立仰赖大量内容，但在你看完第三章以后，这应该就不成问题了。

内容漏斗的运作模式是这样的：

1. 创造大量的优质内容，并且在网络上公开放送多数内容。

2. 创作几篇篇幅较长的内容，有些在网络上赠送，有些当成诱饵，吸引读者用电子邮件注册。

3. 只要有人以电子邮件注册，就自动送出较珍贵的内容，并且对注册会员进行分类，确保你对适合的人销售。不用猛力推销，但要确保对你的公司最有兴趣的那群人，能够了解你的业务内容。

这就是 WP Curve 的做法。我们大部分的内容都放在网站上让大家免费浏览，有时候也会在文章中放入补充信息，像是 Google 文件、架构、电子书和可下载资源，让有兴趣的读者取用。偶尔也会请他们到登录页面（landing page）或在文章的文末填写电子邮件注册。

如果我们正在进行一项完全仰赖读者信任的企划，就会将所有内容公开，不会要求用户注册。以这本书为例，所有的架构、可下载文件和资源，都可以到 http://contentmachine.com/resources 取用。这种做法可以建立信任，读者会更愿意支持并分享我们的内容。

◎ 具相关性的用户吸铁

针对各篇文章设计用户吸铁，特别容易吸引读者以电子邮件注册，也不会让人感觉侵入性太强。用户吸铁一定要有相关性，才能提高转换率，如果你写了篇关于网页载速的文章，文末却请大家以电子邮件注册，提供“减重电子书”，那么即使设计好、推广态度积极，成效也不会好到哪里去。相反，如果你吸引读者注册的诱因是在文末放上“14 点网页载速确认清单”供人下载，沟通效果就很好。

不管是在滚动条旁边、登录页面上、弹跳窗口还是侧边字段，各种注册表格都可以用相同的做法，重点是用户吸铁要与贴文内容有所关联。

当然，要针对每篇文章设计不同的注册窗体要多费点心，更不要说你还得设立网站与系列电子邮件来支持用户吸铁。我认为最好的办法，就是确保最热门的几篇文章都有专属的用户吸铁。

如果你的文章篇数还不多，可以凭直觉走，为你认为会红的文章加上专属吸铁。如果你已经累积许多库藏内容，我建议可以让 Zapier（https://zapier.com）进行自动化处理。

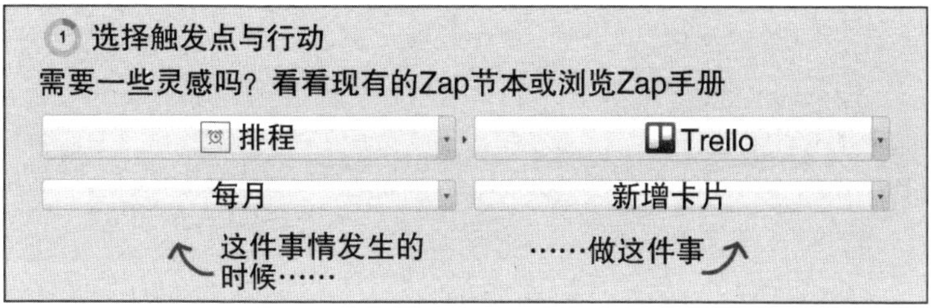

基本逻辑就是用“排程”Zapier 使其自动为你的团队指派任务，我在菲律宾就设有一群虚拟助理为我处理这些事情。我都用 Trello 分派任务，不过即使你不是用 Trello 也无妨，Zapier 也整合了许多其他工具。

Zapier 的运作模式如下：每个月，管理团队都会收到通知，要他们运用 Google Analytics 的分析，在行为 / 网站底下，依据一年期的数据挑出最热门的 25 篇贴文。团队成员逐一确认每一篇文章最后是否都有对应的专属注册吸铁，如果没有，就会联络内容营销主管，建议我们补上去。

在搜集电子邮件的时候，你可以用电子营销工具，像是 MailChimp（http://mailchimp.com） 或 Infusionsoft（http://infusionsoft.com），我自己两个都用，也会利用插件辅助：OptinSkin（http://optinskin.com）或 LeadPages（http://leadpages.net）。

◎ 内容营销专员必备的 5 种排程

取得电子邮件之后，你还得拿它们来做点事。以下是我整理出的 5 种排程，借此让搜集到的电子邮件信息发挥最大功效。

1. 内容点滴或每周一信

如果有人选择注册来取得更多关于你的信息，那么你首先就要确保他们真的会收到信息。我很喜欢寄送每周邮件，因为内容是最新的信息，收件者取得最新信息的时候，会觉得自己是社群的一分子。

每周寄一封信可能很耗时，如果时间不够，或是个人偏好预设，可以设立内容点滴（content drip）排程。

内容点滴其实就是一系列预先写好的电子邮件，依据排程自动寄送实用内容给收件人。我会尽可能展现我的大方，不让推销感太重，目标就是要建立信任，同时让收件人对你的产品与服务产生兴趣。你可以利用 MailChimp 的自动寄件功能，或是像 Infusionsoft 这类软件也有提供排程服务。在邮件序列中，抓住适当时机推销产品或服务。

另一个逐步推出内容的方法，是把电子邮件教学课程当成网站上的用户吸铁，如此一来，访客自然预期你在接下来的几天到几周内，会不断寄送信息。

2. 内容建议排程

我通常会设计一封简单的电子邮件，询问订户他们对哪些主题有兴趣。如果你的公司也想用内容引起关注，就要了解大家的需求。这种情况下，还有比直接问他们更好的方式吗？只要有人订阅你的电子邮件，系统就会发信，询问他们喜欢哪些主题。

既然请收件者回信了，你就要真的看信并回复，这样才能建立一群忠实的亲密粉丝。读者的回复常常会提到你已经提过的内容，只是他们不晓得，这时就是你大展身手的时候，帮助他们、指引他们找到相关内容，进一步建立信任。如果他们谈的主题是你没想过的，那么就赶快加入构想清单。

3. 推销排程

在各个不同的营销阶段，你可能会找到一些不错的时机，向对方推销自家服务。但如果某个人已经参加四五个营销活动，一天到晚被你的信息轰炸，该怎么做呢？在这种情况下，反复推销的效果不大。

为了确保不对同一群人反复推销，我建立了一套推销排程。Infusionsoft 让我能轻松做到这一点，在一系列的营销过程中，其中一个步骤是标注（tag）访客作为推销对象，而 Infusionsoft 提供自动作业流程。

Infusionsoft 会键入营销顺序。第一个步骤就是移除最近已经收过推销信息的对象，“最近”的定义视公司而定，可能是近几周或几个月收过推销信息。还留在名单中的访客，就会收到你的服务推销，并且加上标记，如此一来，如果下一次他们又出现在名单上，就会被自动移除。我也会移除新进客户，因为你不应该向已经转成客户的人推销。

你可以自己调整要做到多细致，像 Infusionsoft 这种比较进阶的顾客关系管理软件，甚至可以让你建构用户评分（lead score）机制[①]，只针对分数在一定程度以上的群众推销。不过对大部分的小型企业而言，刚开始只要用最简单的推销顺序就足够了。

① 针对用户对产品的兴趣和是否准备下单购买评分。

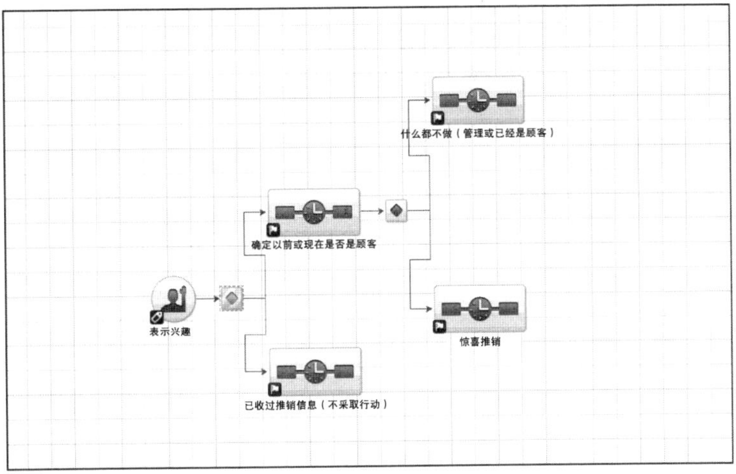

4. 遗弃的购物车

另一个任何公司都能套用的简单排程是“遗弃的购物车”（cart abandonment）。这有一点点偏离内容营销的主题，但因为是个简单、效果又好的做法（而且很多人都会忘记），我还是提一下。

这个排程是针对一度要下单，最后却没完成交易的人。举例而言，购物车软件分成几个购买步骤，顾客做了第一步，却没走到第四步。无论设计如何，请顾客注册的流程，第一步一定要包含一个填电子邮件的字段，如果有人填了电子邮件，但是其他都没填，他们就会被放进遗弃的购物车收件人名单。

如果设定成他们一填好电子邮件，系统就自动存盘，即使用户没有储存窗体，你也有办法寄送邮件。他们一输入电子邮件，立即被标记、加入排程，如果没有完成购买流程，就会收到通知信。

通知信的内容非常简单（大概就像我下面写的）。如果你的产品或服务以视觉为强项，别忘了附上一些美照，吸引收件人再回来。

> 我们注意到您来访（造访了网站），却没有完成下单程序。
>
> 我们真的不希望与您错身而过，因此，如果您还想完成程序，请点此链接回到页面。
>
> 如果您在结账时遇到任何问题，也恳请回信让我们协助您。
>
> 期待与您合作。
>
> （公司名称）

5. 针对问题的转换排程

顾客向你购买产品或服务的原因，通常是因为你解决了他们的问题。然而，每个人遇到的问题可能不尽相同，所以应该更深入探究问题是什么，以及你到底要如何帮助他们。了解这些以后，你可以设计一系列排程，针对解决他们的特殊问题，推销你的产品或服务。

举例而言，在 WP Curve，我们解决了数百个和 WordPress 相关的问题，但大部分的人注册都是因为以下 6 个原因：

（1）网站速度慢，想加快速度。

（2）网站不安全，不想被攻击。

（3）需要有人积极帮忙维护网站，这样才不用担心技术问题。

（4）他们想在 Google 上取得较好的排名，因此想要控制基本的 SEO 因子。

（5）他们想将更多访客转成电子邮件注册会员或顾客。

（6）他们想要为网站 / 博客吸引更多流量。

这些问题就成为核心主题。针对每个问题，可以整合以下内容：

（1）做一个横幅广告对这些人推销你的服务，特别针对这些主题设计。例如，“网站跑得快，Google 排名更亮眼。加入 WP Curve 让你的网站更迅速，只要 79 元！”

（2）设计一系列电子邮件，瞄准对这一系列内容有兴趣的人寄送广告邮件，用简单的排程寄送有趣的信息，并且针对该主题设计独特的行动呼吁。

（3）在网站上，大量发布与该主题相关的内容。

接着，选择网站上任何一篇探讨这些主题的文章，做以下两件事：

（1）运用像 AdRoll（http://Adroll.com）这样的服务，或是原生 Facebook 复位向广告（Facebook Retargeting），在既有内容上，加上特定的追踪像素（tracking pixel）。当访客造访其他网站，就会看到那个特定广告，而不是你其他的一般性广告。

（2）依据分类设计用户吸铁，如此一来，每一次你要针对那个主题创作内容，就有相应的行动呼吁，吸引用户以电子邮件注册，注册后就会列入上述的第二步骤排程。

你可以手动或是安装插件，在网站上特定分类中，每一篇文章都放上特定的用户吸铁。

为了确保不要不断对潜在客户推销，我设计了一些限制。举例而言，设立每月上限，访客每个月不会被推销超过一次。

◎ 管理与意见领袖的关系

如果我没有从一开始就积极邀请意见领袖参与，根本不会有人注意到我。要引起关注非常困难，就算我的内容很好，还得让对的人看到才有用。

在第三章，我们把意见领袖视为内容策略的一环，但长期来看呢？如何和这些意见领袖保持友好关系，并确保联系紧密？你要把这件事情当成必须不断努力的过程或个人理念。

对我而言，维系关系并非结构完整的手段，而是一般的行动："只要我能帮助任何一名意见领袖或是给予特别关照，我一定会这么做。"当然，只要我能帮助任何人，我通常都会出手相助。这个观念或许很好，但我并非圣贤，也不会说谎，如果有机会帮助意见领袖，我的关切会更热络。

第一个做法是在我的博客上提到他们，并且附上链接，连到他们的网站。接着，我会邀请他们上我的广播节目（通常都会成功），这就是个很好的破冰机会，让我更了解他们。

我也会到他们的博客留言，在网络上声援他们，用尽各种方式协助。我还会支持任何他们正在做的事情。

一段时间之后，我逐渐被注意，也开始得到回馈。其他的广播节目或博客会提到我，我也受邀上节目，接受采访，或是受邀到会议上演讲。只要家喻户晓的意见领袖分享我的内容，我就有种快捷方式可以写信给他们或请他们帮忙。

创作高质量、独特的内容也有加分作用，这让他们愿意为我背书。如果我只是发布一些简短、质量差的内容，讨论广泛的主题，他们或许知道我是谁，但不会愿意提拔我或为我宣传。

有时候我会用终极手段建立和意见领袖的关系，像是主动提议帮他们免费架设网站，或是飞到其他州和他们共进午餐。

做这些事情需要时间，但我最终做到了。现在我有一串长长的名单，那些都是我可以轻松寄信、直接请他们帮忙的人。在我出版这本书的时候，我会把书寄给他们所有人，并明确请他们帮我分享。不是每个人都愿意分享，但大部分的人至少会看我的信，并考虑一下。这已经成为我在企业经营上非常具体的伙伴关系，也对我的内容有很大的激励作用。

我也希望能给你一张清单，说明确切步骤，但我认为要和意见领袖建立关系没办法写成秘籍，你只能一直给、给、给，觉得给太多的时候，再多给一点。有时候你觉得努力都付诸东流，但他们会给你一个大惊喜，我有不少类似的经验。

如果你觉得自己比较适合用有组织的方法，让你或你的团队可以固定为意见领袖做些事情。

以下提供几点建议：

· 到他们的博客写下正向的留言。如果经常留下负面言论，会毁了你的名声。偶尔挑战论点是可以的，但注意不要做没有建设性的批评。

· 在你的博客上回顾专家说法时，引用他们的论点，或是把他们的网站当成例子，附上链接。在你宣传那篇文章的时候，要确保他们知道（我们稍后会再讨论到这一块，这是内容宣传的一部分）。我通常会连到他们的特定文章而不是主页，如果他们用的是 WordPress，又有开启“引用文章通知”（trackbacks）功能，就会收到电子邮件通知你引用了他们的文章链接。

· 在社群媒体上追踪他们，在他们受到攻击时，考虑挺身而出，并主动分享他们的贴文。

· 免费提供给他们你的产品或服务，只要有所关联，大家都会欣然接受。

· 邀请他们上广播节目，协助传播他们的信息。询问他们还有什么是你可以帮忙的。

· 主动提议帮助他们完成你专业领域内的事情。我就有遇到过一群人主动提议，免费帮我完成企划，后来他们成为我的员工和商业伙伴。

· 如果他们和你在同一个地区，竭尽所能地拜访他们。我曾经搭飞机到其他州，只为了见人一面，最后结果显示这是值得的。

· 寄送电子邮件给你的会员，提供与这些领袖的服务相关的实用内容或信息，让这些意见领袖知道他们可以期待一些新流量。

· 如果他们有经营广播节目，在 iTunes 上留下评论；如果他们出书了，到亚马逊写书评。我都会直接写信感谢他们，并引导他们去看我的评论。

· 每当他们公开寻求协助，像是请大家帮忙填问卷或是在社群媒体上分享，立刻加入。

· 如果他们的服务或产品是你用得上的，注册并成为顾客。

> · 如果他们有网络社群（不管是免费还是付费），注册并且当一个好会员，经常对社群有所贡献又不求回报。

经过一段时间，你就可以试试水温，看有没有机会建立正式的伙伴关系。举例而言，你们可以一起写一本电子书，或是对各自的观众群推销彼此。

这些大人物很忙碌，你要花很多心力才能吸引到他们的注意，要记得从他们的角度看事情，不要变成烦人精。

以下几种工具应该会对你有所帮助：

> · Inkybee（http://www.inkybee.com/）可以帮助你接触到产业内其他有影响力的内容创作者。
>
> · Klout（https://klout.com）会在 Twitter 上、与你互动的人旁边，显示 0~100 影响力分数，如果有些人分数很高（大于 65），就应该特别关注他们。
>
> · Mention（http://mention.net）是只要有人提到你，就会通知。如果某位意见领袖提到你，你应该感谢并特别关注他们。

· Little Bird（http://getlittlebird.com）提供你同一个圈子里的意见领袖清单。

· Followerwonk（http://followerwonk.com）是另一个工具，提供你社群媒体上意见领袖的名单。

◎ 建立大使清单

我在写完《七天创业指南》后，和汤姆·莫克斯（Tom Morkes, http://tommorkes.com）聊天，他后来帮助我营销那本书。莫克斯要我做的第一件事情，就是建立大使清单。

我知道有一群人固定关注我的内容，但要找到愿意为我背书的人是另一回事，感觉有些困难。

我自忖："我不确定自己够不够有影响力，让大家愿意注册，成为我的大使。"我错了。结果显示我的观众群中有一群低调的代表，不仅作为社群成员而已，他们真的愿意帮助我完成企划。

我写了封电子邮件给列表上的朋友，邀请他们加入大使团，几天内就有 500 人点进链接，选择加入。

莫克斯接着说："我们第一个要做的就是建立 Facebook

社团，这样才能激励大使团。”这一次，我还是觉得要把这些注册的名单转到Facebook上，转换率大概很低，但我还是照做了。我写信给大使团，请他们加入Facebook社团，我也同步更新大使招募流程，未来访客会自动收到电子邮件通知，邀请他们加入，只要他们点头答应，就会再收到一封信，请他们加入Facebook社团。接下来的几天，大约有350名大使加入Facebook社团，这让我大吃一惊。

等到书正式出版，我们号召大使团帮忙，他们立刻展开行动，在Twitter上分享书籍信息，上亚马逊写书评，并且告知亲朋好友去买书。

几周内，营销页面就有超过350篇推文，两周内，在亚马逊上累积超过100条五星书评（在其他网域更多），这样的回响令人惊艳，也让我惊讶不已。那之后的几个月，社团人数已达到数千人，只要我需要帮助，他们就会立刻伸出援手。不过，这当然不是单向的帮助，我也会有所回馈。

我为了本书更早成立大使团（新书上架前6个月），我还在写的时候，就已经有超过1 000名大使团成员了。（如果你有兴趣加入这个新团队，欢迎在Facebook输入Content Machine，或造访http://contentmachine.com/resources，上面也有链接。）

经过这次的经历，我意识到自己或许应该把这种做法应用到所有内容上。有些人或许只想被动地阅读，但也有很多人想进一步参与。

我从来没有想过要为我的内容创立正式的大使团清单，或是 Facebook 社团，但为什么不？这是双赢策略。团内成员都是忠实粉丝，乐于帮忙。许多人刚好在某个创业阶段，是我可以帮得上忙的，因此我会经常加入讨论，主动提议帮大家看网站或是回答问题。加入的过程很平顺，除了时间以外，你也不需要多付出其他成本。

以下是我的做法：

只要有人在网站上以电子邮件注册，就发信向他们解释大使团名单，我附上几种参考内容，你可以以它们为基础修改：

> 嘿，（名字）：
>
> 很高兴你愿意加入我的电子邮件列表，我和你一样都是热情的创业者，我也乐于帮助他人，并分享我的所见所闻。
>
> 我想介绍一个特别的团体给你认识。我的观众群中有一群“大使”，他们在我需要团体的力量时，会伸出援手。举例而言，他们会分享我即将发表的新书或企划。为了感谢他们，我也会特别关照，无偿帮助他们经营公司。
>
> 如果你觉得这听起来对你有帮助，只要点选以下链接，

我们就会立刻将你加入名单中。我也会另外寄一封信给你，提供更多相关信息。

诚挚期待你能加入！

如果还有其他问题，请直接回复这封信件。每封信我都会阅读并且回复。

感谢！

（你的名字／签名）

如果你有用 Infusionsoft 这类软件，可以标记点击链接的人。如果你的工具较简单，可能要叫你的程序开发人员把这些人加入新的名单，或是把他们导向另一个注册窗体。或是还可以更单纯，干脆跳过电子邮件列表，开设社群媒体社团，我在宣传本书时就是这样，因为我在 Facebook 上颇受欢迎。

如果你还是想做电子邮件名单，可以在他们加入后，送出这封信：

嘿，（名字）：

哟嚯！你愿意加入大使团，我真的太开心了！如果有什么我可以为你做的，请尽量开口。

如果我需要你的帮忙，会寄电子邮件，也希望你可以挺身而出。我们也可以一起使用 Facebook 社团，这样大家就能闲聊或是帮彼此一点小忙。

点选这个链接加入 Facebook 社团。

如果你没有Facebook也没关系，我们就用邮件联络吧！

如果还有任何问题，请随时提问。

我们再聊。

（你的名字 / 签名）

Facebook 社团比我想象的还要强大得多，电子邮件通常很正式，我不想一直考验友情，一天到晚寄信。但是 Facebook 社团上，每天、每时都充斥着各种对话。Facebook 上就有个超大的活跃声援基地，随时准备帮忙，只要我有空就会上 Facebook 看看，并加入讨论。

我强烈建议你在开始进行内容营销时，就尽早设立 Facebook 社团。经过一段时间，你就会建立忠实粉丝群，这让你和竞争者相比，在分享或推销内容时大有优势。

◎ 内容创作的风格指南

你必须为创作高质量内容设立固定流程。可能是你自己采用的、团队遵循的，或是可以寄给客座写手。

内容创作风格指南是我们的重要资产，刚开始接受客座文章的时候，状况一团糟，每位客座写手的素质参差不齐，搞得我们处理客座写手的稿件比自己写稿还麻烦。

风格指南是我们成功执行客座文章流程的关键，现在有一半的内容都由客座写手创作，质量都维持在高水平。

以下提供一个版本作为建议，你也可以上 http://contentmachine. com/resources 下载 Google 文件，直接使用。

◎ 我们的读者

简单介绍你的博客、读者，以及他们想看什么。例如：

我们的博客重点是网络营销与成长，读者多半是企业主，希望能提振销售，或是创造更多流量。我们的内容特色是实用、以细节辅助（表格、屏幕截图或其他企业案例），并且使用简单、对话式的语言。

◎ 内容价值确认列表

这张价值确认列表应该要反映你在看前面几个章节的时候，定下的高质量内容标准。包含以下准则：

- 实用吗？有什么用途？小技巧：内容针对单一特定人士的问题或病根，提供解决方案。
- 是新点子吗？这是全新的点子，还是从旧的点子衍生出来的新角度？
- 有价值吗？能否提供读者价值？
- 可执行吗？内容是否涵盖读者可实行的行动步骤？
- 适合分享吗？读者是否有分享的动机？
- 吸睛吗？标题会不会吸引你点进来看内容？
- 文章顺吗？内容是否连贯且读起来通顺？

· 有趣吗？博君一笑对内容有加分效果。

· 篇幅充足且内容详尽？我们的观众一般偏好较完整的内容。

◎ 编辑格式

我们要求写手先将完成的稿子储存在 Google 文件上，编审通过后再发表到网站。Google 文件让多人轻松地同步编辑同一篇文章。

○文字风格指南

在这个段落中，我们会点出在网站上的一般常规。举例如下：

· 用阿拉伯数字“1”，不用“一”。

· 句子标题只有第一个词的第一个字母大写。

· 采用 H2 副标题（不用粗体）。

· 每篇文章至少包含 3 张图片。

· 每句结束后空一格。

> ·点击链接时，会在新分页中开启。
>
> ·相关文章的链接，以粗体“相关文章”表示，再加上冒号，后面附上文章链接。例如，**相关文章**：12个通过视觉内容提高参与度的方法。

我们的文章都是用阿拉伯数字。标题一般人认为每个词的第一个字母都要大写，我在写书的时候，会按照比较严格的标准，但我的内容创作相对不正式，选择按上述的规则来。不过这是个人偏好，你可以设定自己的规则。

◎ 图片风格指南

以下是你在谈到图片时，可能会设立的标准：

○不用图库图片

尽可能不用图库图片。

○选择适当的文件类型

请用以下准则判断你的文章适合搭配哪一种图片格式。

> · JPEG：适合人、物品或风景照，不适合应用程序或网站的屏幕截图，也不适合文字。
>
> · PNG：适合应用程序或有渐层的网站的屏幕截图，但图片格式可能过大。
>
> · GIF：适合没有渐层的平面图。注意屏幕截图中比较小的图片，像是聊天头像或渐层（例如浏览器的顶端列）。

○等宽图像

以下是针对图片格式大小标准设置的例子，这看你的网站主题与其他变因而定。

所有图像都必须完全符合标准，如果你不确定影像优化或上传状况，请寄给我们，让我们帮你处理。

> · 所有宽影像的宽度都必须恰好是 640 像素，意味着影像在网站上会是等宽。最好可以高 300 像素，但如果没

办法，也可以超过 300，以 100 像素为单位增加。

· 如果影像不适合等宽，请用宽 250 像素，我们会靠右对齐，请尽可能设定 250×250 像素，但如果影像比较接近长方形，没办法切成正方形，高可以设为 350 或 450 像素。

· 请尽可能将所有等宽影像的格式大小控制在 70kb 以下，但确定影像不会模糊掉或马赛克化。

· 请尽可能将所有 250 像素的影像大小控制在 40kb 以下，但确定影像不会模糊掉或马赛克化。

· 相片请存成 JPG 格式，平面向量图请存成分辨率中等的 PNG 或 GIF 格式。

· 影像不要加框线，我们会自动帮你加，但如果是白底，可以加上宽 1 像素、颜色 #CCCCCC 的非圆角框线。

· 在使用 WordPress 时，不要在图片上加超链接，也不要靠左 / 右对齐，或重设大小。

○特色图片

如果你在 WordPress 上要设定特色图片（featured image），请加入以下准则。可能包含：

> ·每篇文章都要设定特色图片。
>
> ·特色图片一定要是120×120像素。
>
> ·如果是白底，加上宽1像素的框线，颜色#CCCCCC。

◎ 摘要

博客首页呈现的文章摘要，要尽可能定制化，而不是让WordPress自己挑选文章的前几句话。前几个句子或许在整篇文章中很适合，但并不是最好的文章摘述，也没办法吸引读者点阅或分享链接。相反，利用WordPress的摘要区自创几个句子，激起读者的兴趣，他们才会点进来读内文。以下是针对摘要指南的例子：

> 摘要要用两句话说明，两句分开，中间空行，行高和完整段落间的间隔相同。句子要够长，才能各占两行。摘要内容要介绍文章内容，并吸引读者继续看下去。

2015年5月月报：$66 596月营收、流量增加11%、举办大型活动

2015年6月2日，9则留言

营收大致不变，但内容与流量有显著进步

诺里斯积极参与活动，并在演说中分享WP Curve的故事，光是今年5月，他就在两场盛会上发表演说。

◎ 编辑笔记

接着，我们提出实用的编辑笔记，列出其他注意事项。举例如下：

审核初稿时，要特别注意：

- 冗言赘字，如我想、等等、东西、之类的。
- 没有标点符号的长句。
- 过长却没分段的段落。
- 鬼扯或与主题无关的句子。
- 再次确认链接。
- 确定链接没坏。
- 确定点击链接会在新页面开启网页。

◎ WordPress 编辑

前置工作完成，准备好发表文章后，下一步要交由客座写手执行。我们通常会给他们一人一个模板来填写，请他们回答以下问题。http://contentmachine.com/resources 上面有文件模板供你使用。以下是我们列的问题：

请将以下信息独立放在另一份文件中，和你的最终版文章一并提交：

> 1. 搜索引擎优化的语法卷标（少于 156 个字符）。
>
> 2. 重点关键词（focus keyword）。
>
> 3. 文章标签（post tags）。
>
> 4.Dropbox 文件夹链接，文件夹内附上你要用的图片文件。
>
> a. 请将你的文章图片上传到文件夹内，包含以下项目。
>
> b. 附上特色图片。
>
> c. 附上你的大张照片，用于社群分享（我们会加上文章中的引言）。

5. 每张图片的标题。

图文件命名请用关键词，间隔以底线分隔。如每月_收入___图表。

6. 用简短的两句摘要吸引读者。

7. 从文中撷取一到两句适合放上 Twitter 的句子。

8. 如果这是你的第一篇文章，请附上作者简介。

我们下文会再多谈一谈给客座写手的指南。

◎ 设立每月回馈循环机制

身为一个有创意的人，你可能会陷入挣扎，很难在大家想看、你想写的内容之间找到平衡。如果进行内容营销的目的，是要创造业绩，那么就要采用会让文章受欢迎的做法。我在这本书中不断提到，内容营销失败的第一个原因，就是内容不够好。当你依据表现选择做法，你的内容就更接近观众心中“足够优质”的标准。

一个非常简单的管理方式就是每个月进行简单的检视。我用 Zapier 排程，并要求我的内容营销管理员撰写报告。

以下几项是我要求放进月报的项目。你也可以到 http://contentmachine.com/resources 下载 Google 文件模板。

◎ 创作 10 篇内容

我每个月都会设立目标，创作一定数量的内容。我自己创作内容的时候，不太担心这一点，但是当你雇用内容管理员来做，有个标准总是好的。每个月写 10 篇高质量的内容，对一名全职的内容管理员而言，是很合理的产出要求。

所谓高质量，指的是经过深入研究、内容详尽、篇幅长，且影响力大。这个标准还有保留时间给管理员经营策略性事宜，像是管理用户吸铁或是电子邮件排程。

在我们公司，内容管理员要自创 6 篇文章，同时管理 4 篇客座文章。

◎ 以 5% 的流量成长为目标

如果你的内容质量够好，流量应该要随时间成长。Google 会拉高网站排名，而其他人也会连到网站，意见领袖也会开始分享。每个月要达到 5% 的月成长不容易，但可行，在初期更是如此。

◎ 以 5% 的电子邮件名单成长为目标

如果采用内容漏斗，试图建立电子邮件名单（不过不要采用非常积极的手段），当流量成长 5%，合理预估电子邮件名单也应该增加 5%，这个目标会迫使管理者在创作新内容的同时，也要努力经营用户吸铁与电子邮件名单。

◎ 一篇特成功、引起众人分享的热门文章（超过50推）

我们希望每个月至少有一篇特别成功的贴文。所谓“特别成功”的定义是获得超过50次转推，而且是要真人分享，不是那种莫名其妙的自动关注功能（auto-follower）。看看结果，并判断哪些文章真的能称为你的代表作。

我们经常超越目标，但持续监控并且判断内容是否真的引起关注还是不错的做法。我的理想状况是每个月有10篇文章可以被转推50次以上。

◎ 内容策略更新

每个月重新检视内容策略，确保它还合用。理论和现实是否都成立？需不需要稍微调整一些要素，让你的独特性更坚实？

◎ 更新重要关系名单

重新检视你的重要关系，并看看过去一个月发生了哪些重大事件。你有没有从他们那边获得正面支持？有谁忽然不出声了吗？看一下 Google Analytics 的分析，观察是谁帮你导入流量。你需不需要和谁联络，感谢他的支持？需要更新名单，加入新的意见领袖吗？确保这张清单完善，并持续更新，一定会有所收获。

◎ 关键读者的留言

有些留言证明你的内容引发回响，应该记录下来。每个月记录几条最好的留言，并且留意它们为什么是最突出的。找到你的内容引起观众的共鸣，或是实际执行内容的证据。

◎ 持续宣传内容

我们都梦想能够创作一篇内容，然后它就自动走红、广为流传，但这种美梦往往不会成真，就连相对成功的博客，都需要花时间宣传内容。

一开始，你可能得更积极，但随着博客成长，就能轻松一些。

宣传内容的方法真的有数百甚至数千种，后来我发现有一招很简单，只要一个管理员或虚拟助理就能依据这个流程，宣传所有内容。只有比较特别的内容，才需要你利用其他方法，或自己跳下来吸引更多流量。

以下是简单的内容宣传架构，可以到 http://contentmachine.com/ 下载，上面也提供非常多其他与宣传内容相关的资源。这个流程包含步骤（procedures）文件，以及一个模板，让你和你的团队可以应用到各篇贴文。以下是大致的内容介绍。

◎ 用户吸铁

如果你认为这会是一篇热门的内容，应该预先针对它设计独特的注册页面。如果你每个月都检视管理团队的绩效，团队一定会从 Google Analytics 上挑选出这些热门内容，但一开始就先为了几个重要、历久弥新的主题默认独特注册页面，仍旧是个不错的做法。

◎ 确认重新定向漏斗分类

记住重新定向漏斗。如果你一开始设计得好，只要你贴出特定分类的文章，它就会自动重新锁定目标，发送广告或邮件。如果这是一则关键的内容，又环绕着你的核心主题，记得把它加入必要分类，确保漏斗重新锁定目标。

◎ 图像创作

从文章中撷取引言，并找到相关的图片。用 Canva 或 WordSwag 创作两张不同的图片（图片可以从文章本身，或这些网站的背景中挑选），再加上引言。

我们公司设有管理团队专责处理，且选用图片时，要征求内容管理员的同意。

接着，我们会将图片上传到 Facebook 专页，当成图片贴文，并在图片说明中放上内容链接。

◎ 设计“点选到 Twitter”

我们从文章中挑选适合引述的句子，并做成“点选到 Twitter”，只要用 Twitter 账号登入“点选到 Twitter”（http://clicktotweet.com），就能按照步骤产生链接。要确认你在实际推文中加入文章链接，这种新手常犯的错误，我犯过不止一次！

接着，我们将“点选到 Twitter”加入实际推文，格式如下：

“这是推文主要文字”

点选到 Twitter

◎ 提及推文

如果我们在文章中提到某个人，就要拟一些“提及推文”（mentions tweets）。从你的惯用页面登入 Twitter，我建议直接用 Twitter 页面，或是用 Hootsuite、Buffer，并且进行推文排程，每篇推文标注 3 个人，例如：

> 在（主题）相关的（贴文名称）中，提到（@来宾 1）（@来宾 2）与（@来宾 3）（链接）

我不想滥用这个方法，所以不会一直提到同一个人，或是一篇文章一次提到很多人。

◎ 推文排程

我们也会针对每篇内容排列一系列的推文，依据内容想出的几个不同推文，在内容发布后，利用人工操作，每隔一段时间推文。我们用 Hootsuite（https://hootsuite.com/）进行推文排程，你也可以用 Buffer 自动排程。

在操作推文上，我倾向不要太激进，因为我认为一直看到围绕同个主题的推文很烦人，如果有人这样推文，我通常会取消追踪该账户。我们每篇内容一般会搭配 3~4 篇推文，不过有些非常特别的状况，你可能会想多放几条，所以我提供了以下做法。

- “点选到 Twitter”的引言：文章发布时。
- 第一篇：发文时间＋ 4 小时。
- 第二篇：发文时间＋ 8 小时。
- 第三篇：发文时间＋ 12 小时。
- 第四篇：发文时间＋ 1 天又 1 小时。
- 第五篇：发文时间＋ 2 天又 9 小时。

> · 第六篇：发文时间＋3 天又 2 小时。
>
> · 第七篇：发文时间＋5 天又 30 分钟。
>
> · 第八篇：发文时间＋7 天又 2 小时。
>
> · 第九篇：发文时间＋11 天又 8 小时。
>
> · 第十篇：发文时间＋14 天又 3 小时。
>
> · 第十一篇起：自动排程（超过这个推文数，我们就采用自动排程）。

Facebook 专页

我们也会将文章转发到 Facebook。有时候我会贴到个人页面，或是贴到比较热门的社团。我们也会将图片与链接发到 WP Curve 的 Facebook 专页，虽然我们的实际页面流量不大，但 Facebook 还是我们推荐流量的主要来源，不容忽视。

Google+

我们没有 Google+ 的专页，只有我的个人账户。这意味着我们目前没有办法通过 Hootsuite 或 Buffer 自动贴文，要靠人工。

★ 造访 Google+。

★ 将链接贴到“分享最新动态”一栏，系统应该会自动挑出标题与图片。

★ 点选分享。

◎ 社群媒体社团

如果你在一些可以分享内容的社群媒体社团上相当活跃，也可以把文章链接贴到这些社团当中。论坛也是一样的道理，不过论坛通常希望成员不要大大咧咧地狂贴自己的内容。

◎ 内容发布网站

还有很多其他网站的主要功能就是让大家发布信息，甚至为内容投票（vote up）。我们会列出这些网站的清单，只要发布新文章，就登入这些网站，新增内容。如果是某个社群的网站，记得要当个好成员，关注其他相关文章，并且分享、投票。

◎ 其他针对文章的特殊做法

上述的宣传步骤只是一般的做法，可以应用到每一篇内容上，但通常最好的宣传，都要针对内容量身定做。在宣传过程中，有几次我们只做了一件小事，就对贴文整体的成效造成深厚的影响。

我写过一篇关于 Google Analytics 分析报告的文章，并且推文给 Google Analytics 官方账号，告知他们这件事。接下来我们就发现他们转推了这篇推文，这篇文章迅速地获得 800 次分享、数千浏览次数。

还有另一次是我们写了篇关于当月状况的文章，在文章中提到 Buffer。我们一样推文让 Buffer 知道，他们就把这篇文章放进 Buffer 网站的推荐内容（Content Suggestions），最后获得 1 100 次转推，比我在该网站上创作的其他作品都高出 5 倍。

也有其他类型的内容，是我比较有信心、敢要求大家分享的。举例而言，我们会进行内容营销调查，因为这对产业有利，我可以轻松向许多网络名人开口，请他们帮忙分享调查结果。我们的回收份数在一天内从 18~51，这都要感谢帕提尔、海登・沙

（Hiten Shah）与罗伯·华冷（Rob Walling）等意见领袖的分享。

◎ 付费宣传

你也可以用付费宣传的渠道来推广内容，有几个单纯的选择：

1. 付费 Facebook 广告。不管是用最简单的加强推广贴文（Boost Post）还是较精密的广告管理员（ads manager）都可以。

2. Twitter 付费广告。

3. 营销公司 Outbrain 的推荐文章网络。

付费内容广告的投资报酬率很难判断，所以我们很少采用，但可以轻松提高流量。

◎ 还有什么重点

网络上有几千篇文章都在介绍如何宣传内容，我建议先从我刚刚讲的这几种简单的做法开始，再了解其他做法，选择适合自己的。

最重要的是，不要忘记执行，也不要选择太激进或轰炸性的宣传方式。记得你大概只有早期需要特别努力，等练成之后就可以不用疯狂推销了。

◎ 建立团队

要建立一个会成长茁壮的长期内容营销策略，还有一个关键是得建立内容团队。我已经提过管理人员或虚拟助理，在内容营销的各种流程中扮演重要角色，但以下两个才是创立有效的内容营销团队的核心人物：内容营销管理员（Content Marketing Manager）和内容创作者（Content Creators）。

◎ 内容营销管理员

内容营销管理员的工作是要从创作、发表到宣传内容，监管整体流程。我们公司的内容营销管理员背后有一个管理团队，还有客座写手群（内容创作者）。

内容营销管理员会按照这本书中提到的流程创作一些内容，同时控管客座写手的工作流程。

内容营销管理员应该很重视细节、友善且愿意和观众分享自身经验，并且专注于依据你的写作指南创作篇幅长且高质量的内容。

就像我之前提到的，我为内容营销管理员设立了几个简单的目标：

1. 每月发布 10 篇文章。
2. 每月要有一篇超过 50 次转推的热门文章。
3. 每月流量成长 5%。
4. 每月电子邮件注册转换率成长 5%。

一般而言，我们的内容营销管理员会创作 6 篇贴文，客座写手提供 4 篇。不过，偶尔我会希望管理员专心做用户吸铁，那个月就会多找几个客座写手协助。

内容营销管理员也要负责寄送每周邮件，从一周内容中挑选出一篇与读者分享，通常我们会选择看起来最有机会走红的内容。

如果你的排程组织得够好，管理内容营销这件事情就是可以训练的技巧。只要态度好、有能力专心创作高质量内容，产业中的新人受训后也能胜任这份工作。

◎ 内容创作者

你也需要帮忙创作内容的人力，内容营销管理员会负责一部分，你的团队成员也会帮忙。不过我喜欢和客座写手合作，因为这样我们可以视需求，轻松调整内容量。

我发现和客座写手最好的合作方式，就是挑选出高质量的写手，再明确告诉他们与你合作的流程。

刚刚已经提过，在和客座写手沟通时，要运用风格指南。我们一般在管理客座写手的时候，会把 6~8 个固定供稿的写手归在一组，并挑出一系列可以让他们发挥的创意提案。有些作者会选择我们的提议，有些会自己想。

我们用 Trello 来管理提案，如果写手想做某个提案，就将构想指派给自己。

自由写手的来源众多，我们最喜欢的就是从观众中找人，或是从我们喜欢的博客挑选客座写手。这些人通常特别优秀，

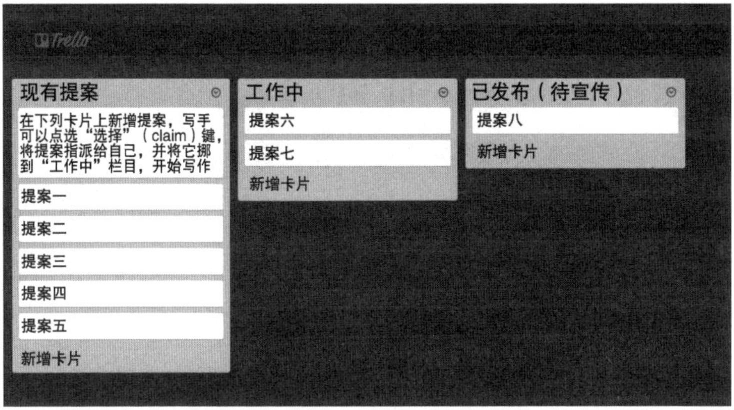

因为不需要基本训练，就知道高质量内容的标准。

最重要的是不要接受不符合标准的内容。我曾经拒绝过一些引我进门的业界导师，因为他们的文章质量不符合我的网站标准。有时候，客座写手的文章不符合期待，我们也会重写文章，将它转成合写稿。毕竟到头来，读者是你的观众，维持质量是你的责任。

有些客座写手立刻就抓到诀窍，有些则没办法。多注意哪些人吸引得到流量，而哪些人做不到。

很好，你快到终点了！在最后一章中，我将简单整理课程内容，让你能尽快踏上正途，通往内容营销的成功之路。

【后记】Epilogue　Where To Go From Here?

成为把“鸟事”做好的人

不管你推动内容营销的进度如何，我都希望你从这本书中得到了一些宝贵的收获。

你真的很幸运，能够身处在这个时代，不花一毛钱广告费，也能够创造营收 7 位数的公司。这件事本身就值得庆幸，更棒的是你的竞争者可能还没发现这个大好机会。

记得要重质不重量，你不用拍出红牛公司那种翘起一边车轮开车的酷炫级影片，但质量一定要好。要做到高质量，就得了解基本原则、发挥所长，并且切合观众需求。

顾好内容质量、进行差异化、扩大规模，才能真正建立内容营销机制。记得持续监控，如果发现成效不彰，就要重新检视你的策略。只要肯花时间、心血，并且“不顾一切地相信内容营销”，必然会有所收获。

此外，记得确认你的内容与业务之间存在生财逻辑，也不要忘记帮公司打好基础，公司体制不健全，内容再好也无力回天。

你需要自动化，找人代职才能把规模做大。利用这本书提供的资源与架构，以扩大规模为目标设立的内容营销机制，让你更轻松。http://contentmachine.com/resources 上有各种免费文件供你下载，从发想内容，到把构想实际转成内容，再到写作风格指南与内容宣传列表，应有尽有。

最重要的是，要享受创作内容、分享故事并建立社群。通过帮助众人，为世界带来价值，这也是功德一件。

◎ 成为把"鸟事"做好的 5% 的人

我注意到我所认识的每位创业家都有个共同特质，这是其他人所没有的，也是他们之所以能成为创业家的关键，那就是他们不顾一切地专注在做好某一件事，把事做好。

这世界上九成五的人开开心心地看完一本书，可能还抄了笔记，但不会依据成果自我衡量，也不会做出任何改变。

但有 5% 的人会做出改变，他们就是创业家。看书还不够，重点是要执行，并发挥成效，像是实行新的内容策略、测试新形态文章，或是为自己的博客集思广益、想出新的提案。

如果你在看完这本书后，真的做了什么，那我就成功了。

如果没有，那是我的失败。

为了鼓励你执行，我在 Facebook 上创立完全免费的社团，名为“七天创业团”（The 7 Days Startup Group）。社团内有许多创业家和内容创作者，都在积极打造自己的内容营销机制。我们拥有数千名成员，每天都会讨论我的第一本书和这本书中提到的策略，也会帮助彼此建置内容营销机制并推动公司成长。

其中一个主要议题，就是大家如何走进社群媒体。社群媒体的变化太快，我要是把相关信息写进书里，不到几个月就过时了，因此我们选择每天在社团中讨论在社群媒体上营销的最佳方法。

在 Facebook 输入 7 Day Startup，或上 http://contentmachine.com/resources，加入我们，从今天开始建立你的内容营销机制。告诉我们你看完这本书，做了哪件事情，并成为那 5% 具有创业力的内容营销人员，把“鸟事”做好。

◎ 你愿意伸出援手吗

我为这本书投注许多心力，还自掏腰包。如果你从中获得了一些什么，我真的很希望你能告诉全世界，只要做两件事情就能简单做到这一点。

第一，你可以到亚马逊留下书评，这对排名和销售非常有帮助。你可以上 http://contentmachine.com/amazon 或是到亚马逊搜寻 Content Machine，写下书评（精简的评论就可以了），我会相当感激。

第二，你可以和朋友分享 http://contentmachine.com，或是在社群媒体上分享，附上标签 #contentmachine。只要有什么可以为我的观众提供价值的内容出现，我都很乐于分享，所以我会持续在 Twitter 和 Instagram 上追踪这个标签。

我也希望你能与我保持联络，最好的做法就是：

· 注册加入我的每周邮件名单，请上 http://dannorris.me。我都会阅读并且回复所有信件。

· 在 Facebook 上加我好友或追踪我，请上 http://facebook.com/dannorrisinformly。只要未达好友上限，我就会接受好友邀请。

· 在 Twitter、Instagram 或 Periscope 上追踪我，我的账号是 @thedannorris。

【致谢】Acknowledgements

布雷特·汤姆森（Bret Thomson, http://www.bretthomson.com/）在办公室遇到我，跟我说：“你应该写一本关于内容营销的书。”谢谢汤姆森的建议，书来啦！

我能够顺利创业要感谢所有共同创办人，谢谢 Alex［WP Curve（http://wpcurve.com）］、Luke［Helloify（http://helloify.com/）］、Eddie 和 Govs［Black Hops Brewing（http://balckhops.com.au/）］。

Craft Your Content（http://www.craftyourcontent.com/）的朵沙特及其团队，谢谢你们帮我编辑这本书。相信我，这可是件苦差事！

Derek Murphy 为我设计封面，还买了件上面写着“已出版的作家”（Published Author）的衬衫给我，哈哈，真是个神人！请上 CreativIndie Covers（http://creativindiecovers.com）看 Murphy 的作品。

Jetlaunch（http://jetlaunch.net）的 Chris O’Byrne 负责整本书的排版，让它在亚马逊上美美的。

汤姆·莫克斯（http://tommorkes.com）是书籍营销与独立出版的传奇人物，也是个积极拉客的好业务。他主导这本书和我第一本书的营销，如果你看了这本书，显然他做得很棒！

我在 WP Curve 的内容营销管理员 Kyle Gray 在我写这本书的时候帮了很多忙，不只提供内容，也帮忙审稿、润稿。他在七天创业的 Facebook 社团相当活跃，也在我写书的同时，把许多书中的构想应用到 WP Curve。谢谢 Gray，我真的很感谢你的帮助，伙伴！

感谢过去这些年来，所有启发过我的创业家和团体：Brendon Sinclair、Adam Franklin、Toby Jenkins、James Schramko、Chris Ducker、Neil Patel、Hiten Shah、Joe Pulizzi、John Lee Dumas、Lewis Howes、James Altucher、Jason Calacanis、Noah Kagan、Dan Andrews、Mark Manson、Elisa Doucette、Kathryn Minshew、Alex Turnbull、Taylor Pearson、Tim Reid、Ross Beard、Greg Ciotti、Clay Collins、Chris Hexton、Wade Foster、Marcus Sheridan、Joel Gascoigne、Kevan Lee、Peep Laja、Justin Cooke 与 Joe Magnotti、Jason Cohen、Rand Fishkin、Rob Walling、Josh Pigford、Tim Conley、Jake Hower、Kevin

Rogers、Seth Godin、Alex Blumburg、Darren Rouse、Troy Dean、Rob Walling、Tim Ferriss、Pat Flynn、Mike Taber、Belle Beth Cooper、Natalie Sisson、Erica Douglass、Sean Ellis、James Farmer 和 WPMU 团队、Aaron Agius、Nikki Durkin、Brian Casel、Ed Dale、Luara Roeder、Joanna 与 CopyHackers 团队、 Matt、Joelle 与如何打造宇宙飞船（How to Build a Rocketship）团队、Andrew Warner、Trent Dyrsmid、Damian Thompson、Gideon Shalwick、David Nihil、Kevin Rogers、Matt Ruby、Gary Vaynerchuk、Marie Forleo、Ana Hoffman、Allan Branch、Robert Gerrish 与 Flying Solo 团队、Corbett Barr 与 Fizzle 团队、Brian 与 CopyBlogger 团队、Des 与 Intercom 团队、Greg 与 Help Scout 团队、Georgina 与 Unbounce 团队、Onboardly 的 Renee 与 Heather、Startup Daily 的 Mat 与 Tas。

特别感谢 Facebook 社团的成员，在我编写这本书的时候给了我大力的支持。

最后，感谢你们阅读此书，也愿意实行能为世界带来价值的营销方式。

祝各位创作愉快！

【注释】NOTE

自序 从乏人问津到百万商机

[1] Joe Pulizzi, “*New B2B Content Marketing Research: Focus on Documenting Your Strategy*”, Content Marketing Institute, Z Squared Media LLC, last modified October 1, 2014, http://contentmarketinginstitute.com/2014/10/2015-b2b-content-marketing-research/.

III 如何创造高质量的内容

[1] “*DC SHOES: KEN BLOCK' S GYMKHANA FIVE: ULTIMATE URBAN PLAYGROUND; SAN FRANCISCO*”, YouTube video, posted by DC Shoes, July 9, 2012, https://www.youtube.com/watch?v=LuDN2bClyus.

[2] French, Katy. Visage (blog). http://visage.co/. “*Kurt*

Vonnegut Graphs the Shapes of Stories." Last Modified August 13, 2014. http://visage.co/kurt–vonnegut–shows–us–shapes–stories/.

Ⅳ 如何做到差异化

[1] Pat Flynn, "*SPI 071: Successful Start Ups, Millions Lost and Everything In–Between: Inside the Mind of Noah Kagan from AppSumo*" ,The Smart Passive Income Blog (blog), June 19, 2013, http://www.smartpassiveincome.com/spi–071–successful–start–ups–millions–lost–and–everything–in–between=inside–the–mind–of–noah–kagan–from–appsumo/.

[2] Ibid, "*The Art Of Online Apologies And Why Elizabeth Lauten Failed Miserably Art Hers*" ,Shattering Glass, Forbes online, last modified December 1, 2014, http://www.forbes.com/sites/elisadoucette/2014/11/30/the–art–of–apologies–and–why–elizabeth–lauten–failed–miserably–at–hers/.

[3] Mat Beeche, "*After only 18 months in business Frank Body will likely exceed $20 million in revenue this year*" ,Startup Daily, last modified February 25, 2015, http://www.startupdaily.net/2015/02/18–months–business–frank–body–will–likely–exceed–20–million–revenue–year/.

[4] Matthew Daniels, "*The Largest Vocabulary in Hip Hop*" ,last modified June 2014, http://rappers.mdaniels.com.s3-website-us-east-1.amazonaws.com/.

[5] Simon Rogers, "*What fuels a Tweet' s engagement?*" Twitter Blog (blog), Twitter, Inc., last modified March 10, 2014, https://blog.twitter.com/2014/what-fuels-a-tweets-engagement.

[6] Belle Beth Cooper, "*How Twitter' s Expanded Images Increase Clicks, Retweets and Favorites [New Data]*" ,Buffer Social (blog), Buffer, last modified November 13, 2013, https://blog.bufferapp.com/the-power-of-twitters-new-expanded-images-and-how-to-make-the-most-of-it.

[7] Ingrid Lunden, "*Tumblr Overtakes Instagram As Fastest-Growing Social Platform, Snapchat Is The Fastest-Growing App*" , TechCrunch, AOL Inc., last modified November 25, 2014, http://techcrunch.com/2014/11/25/tumblr-overtakes-instagram-as-fastest-growing-social-platform-snapchat-is-the-fastest-growing-app/.

【参考文献】Bibliography

1. "*2013 Search Engine Ranking Factors.*" Moz. SEOmoz,Inc. http://moz.com/search-ranking-factors.

2. Amazon. Amazon.com, Inc. http://Amazon.com.

3. Andrews, Dan and Ian Schoen. Tropical MBA (blog).Tropical MBA. http://tropicalmba.com.

4. Asprey, Dave. Bulletproof. Bulletproof Digital, Inc.https://www.bulletproofexec.com/.

5. Beeche, Mat. "*After only 18 months in business Frank Body will likely exceed $20 million in revenue this year.*" Startup Daily. Last modified February 25, 2015.http://www.startupdaily.net/2015/02/18-monthsbusiness-frank-body-will-likely-exceed-20-millionrevenue-year/.

6. Bell, Aaron. AdRoll. AdRoll.com. http://Adroll.com.

7. Beykpour, Kayvon and Joe Bernstein. Periscope. Twitter,Inc.

https://www.periscope.tv/about.

8. Blackwell, James and Henley Wing. BuzzSumo.http://buzzsumo.com.

9. Buffer. https://buffer.com/.

10. Calacanis, Jason. Inside. http://inside.com.

__________. Launch Festival. http: //www. launchfestival.com/.

____________. This Week in Startups (podcast). Launch Media, LLC. http://thisweekinstartups.com/.

11. Canva. http://canva.com.

12. Carnahan. Shawn and Dan Castles. ScreenFlow.Telestream, LLC. http://telestream.net/screenflow/overview.htm.

13. Chestnut, Ben and Dan Kurzius. MailChimp. The Rocket Science Group. http://mailchimp.com.

14. Chicola, Jason. Rev. Rev.com. https://www.rev.com/.

15. Ching, Ai and Andrea. Piktochart. Piktochart Infographics. http://piktochart.com/.

16. ClickToTweet. http://clicktotweet.com.

17. Conrad, Neal, and Drew. The Wine Wankers (blog).http://thewinewankers.com.au/.

18. Cooper, Belle Beth. "*How Twitter' s Expanded Images Increase Clicks, Retweets and Favorites [New Data].*" Buffer Social (blog). Buffer. Last modified November 13, 2013. https://blog.bufferapp.com/the-power-oftwitters-new-expanded-images-and-how-to-make-themost-of-it.

19. Coursera. Coursera, Inc. https://www.coursera.org/.

20. Daniels, Matthew. "*The Largest Vocabulary in Hip Hop.*" Last modified June 2014. http://rappers.mdaniels.com.s3-website-us-east-1.amazonaws.com/.

21. "*DC SHOES: KEN BLOCK' S GYMKHANA FIVE: ULTIMATE URBAN PLAYGROUND; SANFRANCISCO.*" YouTube video. Posted by DC Shoes. July 9, 2012. https://www.youtube.com/watch?v=LuDN2bCIyus.

22. Disqus. https://disqus.com/.

23. Doucette, Elisa. Craft Your Content.http://www.craftyourcontent.com/.

_________. Shattering Glass. Forbes online.http://www.forbes.com/sites/elisadoucette/.

_______. "*The Art Of Online Apologies And Why Elizabeth Lauten Failed Miserably At Hers.*"

24. Shattering Glass. Forbes online. Last modified December 1, 2014. http://www.forbes.com/sites/elisadoucette/2014/11/30/the-art-of-apologies-andwhy-elizabeth-lauten-failed-miserably-at-hers/.

25. Dry, Justin and Andre Eikmeier. Vinomofo. WineCru. http://vinomofo.com/content/articles.

26. Dumas, John Lee. Entrepreneur on Fire.http://www.entrepreneuronfire.com/.

27. Ecamm Call Recorder. Ecamm Network, LLC.http://www.ecamm.com/mac/callrecorder/.

28. Ferriss, Timothy. The 4-Hour Workweek. http://fourhourworkweek.com/.

29. Flynn, Pat. "*SPI 071: Successful Start Ups, Millions Lost and Everything In-Between: Inside the Mind of Noah Kagan from AppSumo*." The Smart Passive Income Blog (blog). Flynndustries, LLC. June 19, 2013. http://www.smartpassiveincome.com/spi-071-successful-startups-millions-lost-and-everything-in-between-insidethe-mind-of-noah-kagan-from-appsumo/.

_____________. The Smart Passive Income Blog (blog). Flynndustries, LLC. http://www.smartpassiveincome.com/.

30. Followerwonk. SEOmoz, Inc. https://followerwonk.com/.

31. For The Love And Money. Love + Money Pty Ltd.http://fortheloveandmoney.com.

32. Forleo, Marie. Marie Forleo International. http://marieforleo.com.

33. Frank Body. http://frankbody.com.

_______. Instagram. http://instagram.com/frank_bod.

34. French, Katy. Visage (blog). http://visage.co/. "*Kurt Vonnegut Graphs the Shapes of Stories*." Last Modified August 13, 2014. http://visage.co/kurt–vonnegut–shows–us–shapes–stories/

35. FunnyBizz (blog). http://funnybizz.co/.

36. Geraerts, Erika and Jess Hatzis. Willow and Blake.http://willowandblake.com.

37. GifGrabber. http://www.gifgrabber.com/.

38. Godin, Seth. http://www.sethgodin.com/.

39. Google Adwords: Keyword Planner. Google.https://adwords.google.com/KeywordPlanner.

40. Google Analytics. Google. http://google.com/analytics.

41. Google Forms. Google. http://www.google.com/forms/.

42. Google Trends. Google. http://google.com/trends.

43. Google Webmasters. Google.https://www.google.com/webmasters/.

44. Google+ Hangouts. Google. http://www.google.com/hangouts.

45. Goraly, Gilad and Rami Goraly. ScheduleOnce.http://scheduleonce.com.

46. Hamilton, William. Camtasia. TechSmith Corporation. http://techsmith.com/camtasia.html.

________. Jing. TechSmith Corporation. http://techsmith.com/jing.html.

47. Harbottle, Mark and Matt Mickiewicz. 99designs. http://99Designs.com.

48. Harris, Bryan. Video Fruit. http://videofruit.com.

49. Helmig, Bryan Wade Foster, and Mike Knoop. Zapier. Zapier Inc. https://zapier.com.

50. HelpScout (blog). http://www.helpscout.net/blog/.

51. Holmes, Ryan. HootSuite. https://hootsuite.com/.

52. Inkybee. Forth Metrics Ltd. http://www.inkybee.com/.

53. Inside Intercom (blog). Intercom. https://blog.intercom.io/.

54. Instagram. https://instagram.com/.

55. Kagan, Noah. AppSumo. http://appsumo.com.

________.OK Dork. http://okdork.com.

________.SumoMe, AppSumo, http://sumome.com.

56. Klout. Klout, Inc. https://klout.com.

57. LeadPages. http://leadpages.com.

58. Like Explorer. http://likeexplorer.com.

59. Little Bird. Little Bird Technologies. http://www.getlittlebird.com/.

60. Long, Adam and Ben Long. Hemmingway Editor. http://www.hemingwayapp.com/.

61. Lucidchart. Lucid Software Inc. http://lucidchart.com.

62. Lunden, Ingrid. "*Tumblr Overtakes Instagram As Fastest-Growing Social Platform, Snapchat Is The Fastest-Growing App.*" TechCrunch. AOL Inc. Last modified November 25. 2014. http://techcrunch.com/2014/11/25/tumblr-overtakes-instagram-as-fastestgrowing-social-platform-snapchat-is-the-fastest-growingapp/.

63. Mask, Clate and Scott Martineau. Infusionsoft. http://infusionsoft.com.

64. McClafferty, Alex and Dan Norris. WP Curve. http://

wpcurve.com/.

65. Medium. A Medium Corporation. http://medium.com.

66. Meetup. http://meetup.com.

67. Meme Generator. http://memegenerator.net.

68. Mention. http://mention.net.

69. Morkes, Tom. http://tommorkes.com.

70. Murphy, Derek. CreativIndie Covers. Creativindie Book Covers. http://www.creativindiecovers.com/.

71. Norris, Dan. Amazon. Amazon.com, Inc.,http://www.amazon.com/Dan-Norris/e/B00O0H6T2M.

________. Content Machine.http://contentmachine.com/.

________. http://contentmachine.com/resources/.

________. Facebook. http://facebook.com/dannorrisinformly.

________. http://dannorris.me/.

________. Instagram. https://instagram.com/thedannorris/.

________. Twitter. Twitter, Inc.https://twitter.com/thedannorris.

72. O'Byrne, Chris. JetLaunch: Strategic Self Publishing. http://www.jetlaunch.net/.

73. OKCupid. Humor Rainbow, Inc. http://www.okcupid.com/.

74. Oldfield, Eddie, Michael McGovern, and Dan Norris. Black Hops Brewing. http://blackhops.com.au/.

75. OptinSkin. http://optinskin.com.

76. Pamela for Skype. PamConsult. http://www.pamela.biz/.

77. Patel, Neil. Kissmetrics (blog). http://blog.kissmetrics.com/.

__________.The Daily Egg (blog). http://blog.crazyegg.com/.

__________. Quick Sprout. Quick Sprout, LLC.http://www.quicksprout.com/.

78. Peretti, Jonah. BuzzFeed. BuzzFeed, Inc. http://buzzfeed.com.

79. Pulizzi, Joe. "*New B2B Content Marketing Research: Focus on Documenting Your Strategy*." Content Marketing Institute. Z Squared Media LLC. Last modified October 1, 2014. http://contentmarketinginstitute.com/2014/10/2015-b2b-content-marketing-research/.

80. Quora. http://quora.com.

81. Reddit. Reddit Inc. http://reddit.com.

82. Relately. http://relate.ly/.

83. Rogers, Kevin. The 60-Second Sales Hook.http://60secondsaleshook.com.

84. Rogers, Simon. "What fuels a Tweet' s engagement ?" Twitter Blog (blog). Twitter, Inc. Last modified March 10, 2014. https://blog.twitter.com/2014/what-fuels-a-tweets-engagement.

85. Ronalds, Luke and Dan Norris. Helloify.http://helloify.com/.

86. Ruby, Matt. Vooza. http://vooza.com/.

87. Skitch. Evernote Corporation.https://evernote.com/skitch/.

88. SlideShare. LinkedIn Corporation. http://www.slideshare.net/.

89. Snapchat. Snapchat, Inc. https://www.snapchat.com/.

90. The Moz Blog (blog). SEOmoz.com, Inc. https://moz.com/blog.

91. The Muse. Daily Muse, Inc. http://themuse.com.

92. Theme Forest. Envato Pty Ltd. http://themeforest.net.

93. Thomson, Bret. http://www.bretthomson.com/.

94. Trello. Trello, Inc. http://trello.com/.

95. Turnbull, Alex. Groove (blog). https://www.groovehq.com/

blog.

96. Twitter. Twitter, Inc. http://twitter.com.

97. Udemy. Udemy.com. https://www.udemy.com/.

98. Vaynerchuk, Gary. SlideShare. LinkedIn Corporation. http://www.slideshare.net/vaynerchuk/.

99. Vine. Vine Labs, Inc. https://vine.co/.

100. Visme. Easy WebContent, Inc. http://visme.co/.

101. Wong, Ben. WordSwag. Oringe. http://wordswag.co.

102. Woodman, Angus. Crew. https://crew.co/.

103. Yoast. Joost de Valk – Yoast.com. Yoast BV. https://yoast.com/wordpress/plugins/seo/.

104. YouTube Live. YouTube, LLC. https://www.youtube.com/.